KB047026

# 보석, 세상을 유혹하다

# 보석, 세상을 유혹하다

윤성원 지음

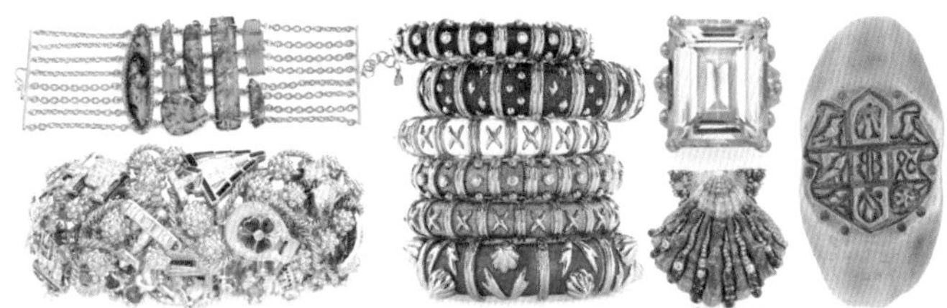

시그마북스
Sigma Books

# 보석, 세상을 유혹하다

**발행일** | 2015년 12월 1일 초판 2쇄 발행
**지은이** | 윤성원
**발행인** | 강학경
**발행처** | 시그마북스
**마케팅** | 정제용
**에디터** | 권경자, 장민정, 양정희, 최윤정
**표지 디자인** | 최원영
**본문 디자인** | 디자인허브
**기획** | 출판기획전문 (주)엔터스코리아
**등록번호** | 제10-965호
**주소** | 서울특별시 영등포구 양평로 22길 21 선유도코오롱디지털타워 A404호
**전자우편** | sigma@spress.co.kr
**홈페이지** | http://www.sigmabooks.co.kr
**전화** | (02) 2062-5288~9
**팩시밀리** | (02) 323-4197
ISBN | 978-89-8445-708-9(03900)



이 도서의 국립중앙도서관 출판예정도서목록(CIP)은 서지정보유통지원시스템 홈페이지(http://seoji.nl.go.kr)와 국가자료공동목록시스템(http://www.nl.go.kr/kolisnet)에서 이용하실 수 있습니다.
(CIP제어번호: CIP2015017262)

* 시그마북스는 (주) 시그마프레스의 자매회사로 일반 단행본 전문 출판사입니다.

# • 차례 •

지은이의 말 '미드나잇 인 파리'를 꿈꾸며 8

Chapter

## 1 보석과 주얼리, _ 그 흥미진진한 이야기들

보석을 향한 인류의 열망과 역사 16

Chapter

## 2 보석함 속의 _ 세계사

(고대) 시그닛 반지: 젠틀맨의 상징 33
(르네상스) 진주 목걸이: 여왕 엘리자베스 1세의 처녀성 40
(조지언) 샹들리에 귀고리: 화려함과 우아함을 동시에 갖춘 주얼리 48
(빅토리아) 사랑의 로켓: 당신의 머리카락이라도 간직하고 싶소 56
(청나라) 비취 목걸이: 서태후의 비취 사랑 64
(아르누보) 에나멜 브로치: 위대한 예술작품을 탄생시킨 시대 72
(에드워디안) 플래티넘 다이아몬드 목걸이: 격조 높은 백색의 시대 81
(아르데코~레트로) 칵테일 반지: 독립적인 여성의 상징 90
(1950년대) 제2차 세계대전과 참: 내가 만들어가는 나만의 작은 역사 97

Chapter

# 3 영화 속 _ 보석 이야기

〈도둑들〉: 옐로 다이아몬드 도난 사건 108
〈색, 계〉: 핑크 다이아몬드에 담긴 남자의 진심 114
〈진주 귀고리를 한 소녀〉: 영롱한 진줏빛에 숨겨진 이야기 120
〈위대한 개츠비〉: 보석과 샴페인으로 찬란했던 재즈시대 129
〈이수일과 심순애〉: 식민지 조선에도 다이아몬드가 있었을까 138
〈왕과 나〉: 우주를 닮은 오팔에 아로새겨진 사랑 145
〈블러드 다이아몬드〉: 아프리카인들의 목숨과 바꾼 피의 다이아몬드 152

Chapter

# 4 보석, _ 사랑을 훔치다

엘리자베스 테일러: 숙녀에게는 큰 다이아몬드가 필요해요 162
윈저공 부부: 위대한 사랑, 위대한 주얼리 컬렉션 172
그레이스 켈리: 그레이스 오브 모나코 182
재클린 케네디 오나시스: 세기의 패션 아이콘, 재클린의 주얼리 189
다이애나 왕세자비: 다이애나가 사랑한 블루 사파이어와 진주 198
가브리엘 코코 샤넬: 연인과 함께 만들어낸 샤넬의 파인 주얼리 204
마리아 칼라스: 노래에 살고, 보석에 살고 211

Chapter

# 5 세상을 바꾼 _ 주얼리 디자이너


전설의 디자이너, 장 슐럼버제 220

살아 있는 전설, JAR 227

내 스타일이 곧 서명이다, 수잔 벨페론 233

색채의 마술사, 베르두라 238

중국의 힘, 월리스 챈 245

주얼리계의 시인이자 건축가이자 정원사, 로렌스 보이머 251

지방시 가문의 또 한 명의 천재, 타팽 255

인도의 JAR, 바갓 261


# 부록 스몰 럭셔리, _ 주얼리를 말하다


여자들은 왜 다이아몬드에 열광할까? 272

주얼리를 알고 싶다면 스톤을 보라 279

럭셔리 주얼리, 그들의 전쟁이 시작되었다 287

하이 주얼리, 파인 주얼리, 브릿지 주얼리, 코스튬 주얼리를 말하다 295

'진정한 나'를 나타내는 스테이트먼트 주얼리 307

매력적인 가치 투자 아이템, 럭셔리 주얼리 316

**참고문헌** 324

• 지은이의 말 •

## '미드나잇 인 파리'를 꿈꾸며

인류가 존재한 이래 귀와 손, 목을 장식해온 주얼리는 인생의 이야기와 역사를 기록한 풍부한 콘텐츠 그 자체다. 70년 넘게 우리를 세뇌시켜온 '다이아몬드는 영원히'라는 문구는 차치하고라도 천연보석으로 만들어진 주얼리는 무궁무진한 이야기를 탄생시켰다. 게다가 이야기를 품은 가장 개인적인 물건이면서 직접 착용할 수 있는 촉觸의 실체까지 갖추고 있으니, 나를 표현하는 방법이자 즐길 수 있는 가장 작은 기호품일 것이다.

이 책의 근간을 역사와 인물에 둔 것은 주얼리의 큰 그림을 보기 위해서다. 주얼리는 크고 작은 역사적인 사건 속에서 다양한 모습으로 세상에 자신의 존재를 알려왔다. 시대에 따라 까다로운 사회 규범을 반영하기도 했고, 자유에 대한 갈망과 이에 대한 사회의 관용에 힘입어 새로운 유행을 창조하기도 했다. 두 번에 걸친 세계대전은 주얼리의 발전을 촉진시켰고, 수많은 주얼리 디자이너들에게 창조와 혁신이라는 명석을 깔아주었다. 그래서 빼어난 디자이너들의 손에서 거울처럼 시대정신을 반영하는 주얼리가 탄생한 것이다. 마치 시대의 장식미술, 패션, 영화, 건축을 요약한 한 장의 스냅사진같이 말이다. 그들은 때로는 새로운 창의성을 제시하여 세상을 바꾸는 디자인도 탄생시켰다. 따라서 21세기를 이끌고 있는 디자이너들에게 수많은 '오마주'와 영감의 원천을 제공한 그들을 과거에 고착된 사람들로 여겨서는 안 될 일이다.

우디 알렌의 영화 〈미드나잇 인 파리〉를 보면 주인공이 과거로 타임슬립을 해 '카페 소사이어티' 문화를 대표하는 유명 예술인들과 만나는 장면이 있다. 사실 이 장면은 내가 오래전부터 꿈꿔왔던 그림이다. 주얼리에 초점을 맞춰 시간대와 공간을 좀 더 확장시킨 상태로 말이다. 르네 랄리크와 루이 컴포트 티파니를 만나 아르누보 시대의 예술성을 체험하고, 루이 까르띠에를 만나 장 콕토와 트리니티 링을 만든 이야기, 쟌느 투생과 함께 팬더 컬렉션을 창조한 이야기를 나누는 상상. 사회와 기술의 진보를 모던한 디자인으로 풀어낸 수잔 벨페론과 칵테일 한 잔을 두고 마주앉고, 장 슐럼버제와 베르두라의 작업실에 놀러가서 그들의 창의력과 색채 감각을 맘껏 즐기는 상상. 그런 짜릿한 상상 속에서 이 책에 공유한 20세기와 21세기 거장들의 주얼리와 그들에게 영감을 주고받은 과거를 배경으로 미래를 꿈꾸라고 제안하고 싶다.

한편, 이런 재능 있는 아티스트들과 어울리며 화려한 감성을 누린 20세기 주얼리 아이콘들의 이야기를 통해서는, 그들의 '캐럿 사랑'을 떠나 꿈과 희망을 자극하는 스토리가 소재에 무한한 부가가치를 더한다는 것을 말하고 싶었다. 보는 시각에 따라 모험가이자 자유로운 영혼이었던 개성 넘치는 그들의 이야기를 쓰는 동안 나는 눈물을 흘린 적도 있었다. 마리아 칼라스가 부른 'Casta diva'(오페라 〈노르마〉 중)를 들으며 원고를 쓰는데, 어느 순간 화려한 보석 뒤에 배어 있는 칼라스의 고통과 애잔함이 전달되는 것이 아닌가! 감성 없이 보석을 논할 수 없다는 말을 나는 그제야 깨달았다.

'보석, 세상을 유혹하다'라는 제목은 수많은 영화 속에 담긴 치명적인 사랑과 욕망, 또 이를 뒷받침해주는 보석의 존재를 보며 착안한 것이다. 영화만큼 보석을 극적으로 흥미롭게 바라보는 존재가 또 있을까? 보석이 주요 소재로 등장한 여러 편의 영화를 통해 보석을 좀 더 가깝고 즐겁게 만들고, 때로는 심오한 메시지를 상기시키고 싶었다. 감독의 뷰파인더 속에 잡힌 보석이 어떤 의미를 지녔는지, 타인의 시선을 통한 해석도 공유하고 싶었다.

원고를 쓰기 전에 나는 뉴욕, 런던, 파리, 세 도시를 찾았다. 스펙터클한 스카이라인을 완성시킨, 아르데코 시대를 상상하게 만드는 뉴욕은 나에게 언제나 가장 큰 주얼리 영감을 주는 곳이기에 의미가 있다. 런던의 초상화 박물관에서는 역사의 한 획을 그은 여왕들을 마주했는데, 특히 진주를 휘감은 엘리자베스 1세의 초상화 앞에서 한참 동안 자리를 떠날 수 없었다.

그렇게 역사의 발자취를 따라가 본 런던에 이어 파리에서는 럭셔리의 근원을 찾는 데 몰두했다. 방돔 광장의 휘황한 쇼윈도와 2년마다 빛의 도시 파리를 더욱 찬란하게 만드는 앤티크 비엔날레를 통해 럭셔리 하우스들의 치열했던 20세기를 떠올려보았다. 100년이 넘는 역사와 자부심, 존재감이 점철된 헤리티지, 그리고 인재 등용과 탁월한 예술성을 이해하니 그들의 브랜드 파워를 인정하지 않을 수가 없다. 중세 유럽에서는 귀족 가문들이 문장紋章을 통해 자신을 증명했지만 오늘날에는 브랜드가 그 역할을 대신하고 있지 않은가? 우리는 사실 제품이 아닌 브랜드를 구매하는 것이다. 특히 럭셔리 브랜드를 소비하면서 자신도 모르는 사이에 감성적으로 쾌락을 경험하고, 자아가 일치되는 것을 느끼며, 황홀한 느낌까지 갖게 된다. 그래서 이 책을 통해 럭셔리 주얼리의 배경과 컬렉팅의 가치까지 되짚어보기로 했다.

나는 자타 공인 주얼리 전문가다. 그러나 사실은 다양한 경험과 지식을 통해 주얼리를 새로운 각도로 인지하는, 조금 더 현명한 소비자일 뿐이다. 나는 옷을 살 때도 '브로치를 매달 수 있을 정도로 견고한 소재인가, 이 네크라인에는 어떤 목걸이가 어울릴 것인가'부터 염두에 둔다. 그만큼 주얼리에 대한 관심과 사랑이 지극한 열렬한 애호가이기도 하다. 이처럼 전문가이자 소비자이면서 애호가가 이 책을 통해 제시하는 주얼리란 바로 '아름다움에 대한 감각과 가치관의 교차점'이다. 이 책을 읽고난 후에는 자연의 산물로 소재 가치, 감성 가치, 사회문화적 가치, 패션 가치를 증폭시키는 주얼리를 좀 더 이해하고, 아름다움에 대한 경험치를 높일 수 있기를 희망해본다.

2015. 6.

윤성원

## Acknowledgements

먼저 이 책이 탄생하기까지 큰 도움을 주신 시그마북스 강학경 대표님과 권경자 차장님, 엔터스 코리아 양원근 대표님과 김효선 대리님께 감사를 드린다. 스토리에 힘을 실어주는 귀한 사진을 제공해준 뉴욕의 FD Gallery, Cartier Korea, Tiffany Korea, Bulgari Korea, Graff, Verdura, Wallace Chan, Lorenz Bäumer, Sotheby's, Christie's, Irene Neuwirth, Berganza, A. Brandt & Son, Antonio Virardi of Macklowe Gallery, Douglas Rosin, 미네타니, 코이누르, 타넬로, 파나쉬, 다비데초이에도 감사를 표하고 싶다. 무엇보다, 지난 1년간 일터에서 여러분들의 배려 덕분에 책 집필에 몰두할 수 있었다. 한양대학교 공학대학원 보석학과 박종완 교수님, 신동욱 교수님, 손수학 교수님, 예명지 교수님, 주얼리 프로젝트 그룹 더쇼케이스랩의 정수연, 송진희, 최경미, 차선영, 김선영 디자이너, 그리고 뉴욕 론칭을 앞두고 있는 자젠베어 팀께 감사의 인사를 전한다. 마지막으로 아낌없는 응원을 보내준 친구들, 영국에서 귀중한 자료를 제공해준 후배 이수영, 지난 학기 나의 수업을 열심히 따라와준 한양대 학생들, 사랑하는 가족과 하나님께 무한한 감사의 말씀을 올린다.

**A heartfelt toast to all who gave their photos and expertise to this book.**

**일러두기**

용어의 혼동을 막기 위해 이 책에서 보석과 원석, 주얼리에 대한 정의는 다음의 기준을 따르기로 한다.
보석[寶石, gemstone]은 빛깔과 광택이 아름다워 장신구로 사용되는 광물로 다이아몬드, 루비, 비취, 사파이어 등이 속한다. 채굴 후 가공되지 않은 상태일 경우에는 원석[原石, rough stone]이라고 한다.
한편 주얼리[jewelry]는 보석과 금속으로, 디자인한 후 기술자의 손을 거쳐 만들어진 장신구를 뜻한다. 귀고리, 목걸이, 반지, 팔찌 등 착용할 수 있는 완제품의 상태를 일컫는다.

Chapter

# 1

# 보석과 주얼리,
# 그 흥미진진한
# 이야기들

Jewelry Story

## 보석을 향한 인류의 열망과 역사

한동안 보석은 신앙의 상징이자 왕관의 가장 높은 곳에서 빛나는 절대 권력의 표상이었다. 보석 앞에서 어떤 사랑은 속절없이 무너졌고, 어떤 사랑은 동화 속 결말처럼 해피엔딩을 맞이했다. 그러나 보석으로 인해 목숨을 잃는 이들도 있었으니, 불길한 운명이 보석을 따라온다고 믿어 새로 연마된 보석만 찾던 사람도 있었다.

그들의 삶을 이해하지 않는 한 보석의 가치는 숫자에 불과하다. 그러나 가격이나 등급으로만 다루기에 보석은 너무 많은 인생과 역사를 품고 있다. 보석을 들여다보면 왜 인류는 남들이 갖지 못하는 희소성에 열광하는지, 그것으로 무엇을 보여주고자 하는지 등 인간의 심리와 철학까지 읽을 수 있다. 어떨 때는 픽션이 아닐까 싶을 정도로 놀라운 사실도 담겨 있다. 그렇게 보석으로 인류의 역사와 종교를 배우고, 문화를 깨우치는 동안 우리는 자연스럽게 색다른 통찰력을 얻게 된다. 이것이 오늘날 보석이 존재하는 이유일 것이다.

인간의 역사와 함께 시작한 주얼리는 수많은 문명과 트렌드의 변화를 거치면서 뜨고 지는 양상이 반복되었다. 악을 쫓고 행운을 가져다주는 주술의 개념으로 시작한 고대의 주얼리는 구리를 사용하면서부터 제작 방식에 새로운 시대를 열었다. 그러나 그리스 로마 시대가 끝난 후 종교가 유럽인들의 생활을 지배하게 되면서 주얼리는 또 다른 국면을 맞는다. 모든 생활양식이 종교에 맞춰지면서 과학과 문학이 일순간에 사라진 중세 시대의 주얼리는 종교의 상징과 엄격한 계급사회

고대의 주얼리

를 반영한 것이 대부분이었다.

종교의 쇠퇴와 함께 문학과 과학의 부흥을 이끈 르네상스 시대, 신보다 인간을 중시한 이 시기 주얼리에 예술가라는 개념이 생겼다. 그리고 주얼리는 권력자의 권위를 표현하는 수단으로 자리 잡기 시작했다. 본격적인 자산으로서의 가치도 이때 생겨났다. 착용자의 존재감을 부각시키기 위해 크고 화려한 진주나 유색보석이 사랑받았다.

17세기 인도에서 다이아몬드가 대량 생산되면서, 절대 왕정의 정점에 있던 프랑스 루이 14세부터는 다량의 다이아몬드가 정기적으로 유입되기 시작했다. 루이 14세는 다이아몬드와 다양한 유색보석으로 된 호사스러운 주얼리를 착용하면서 주얼리의 황금기를 이끌었다. 이후 보석은 전 유럽에서 왕가와 귀족층에서 부의 상징으로 자리 잡게 되었다. 18세기에 들어서는 이전 세기 중반에 개발된 '브릴리언트 컷' 덕분에 효과적으로 광채를 발산하는 다이아몬드가 주인공으로 등극했다. 이때부터 더욱 많은 다이아몬드가 주얼리에 쓰였다. 브라질에서 방대한 양의 다이아몬드가 발견되어, 대중에게도 처음으로 다이아몬드가 공급되었다.

19세기는 산업 혁명과 사회적인 변화가 동시에 일어난 때다. 왕가나 귀족의 전유물이던 보석이 상인이나 일반인들에게도 보편적으로 사랑받기 시작했다. 또 당대를 풍미하던 낭만주의에 힘입어 주얼리 디자인에 중세에 대한 열정이 피어났고, 르네상스 시대에 대한 동경과 관심으로 비정형적 형태의 바로크 진주가 유행하였다. 일상에 소소한 의미를 부여하던 영국의 빅토리아 시대에는 개인의 정서나 사랑의 메시지를 담은 소위 '센티멘털 주얼리'가 널리 사랑받았다. 여왕은 주얼리를 착용하는 데 엄격한 예법을 세워 다이아몬드와 유색보석으로 만든 주얼리는 일정 나이 이상의 여성만 착용할 수 있도록 했다. 또 애도 기간에는 검정 계열의 보석만 착용해야 했으니 이 시기 주얼리는 부의 상징뿐 아니라 착용자의 지위나 신분을 나타내는 역할을 담당했다.

또한 19세기에는 미국을 중심으로 다이아몬드 약혼반지가 보편화되기 시작했다. 1880년 세실 존 로즈가 드비어스 콘솔리데이티드 마인스를 설립하여 다이아몬드 거래를 통제하기 시작한 것이다. 이를 계기로 1930년대까지 미국에 고급 다이아몬드 시장이 형성될 수 있었다.

남아프리카 원주민 형제의 성姓에서 이름이 유래된 '드비어스'라는 거대 기업은 영국의 독점 자본에서 시작되었다. 그리고 과거 영국의 식민지인 남아프리카 공화국, 보츠와나, 앙고라 등을 통해 발전되었다. 따라서 한때 90퍼센트 가까이 다이아몬드 시장을 독점했던 드비어스

아르데코 시대의
다이아몬드와 사파이어로
제작한 반지
ⓒFD Gallery

레트로 시대를 대표하는
부아뱅의 멀티 컬러 스톤과
골드로 제작한 목걸이
ⒸFD Gallery

의 절대 권력의 모델은, 사실상 영국의 식민지 정책에서 기원을 찾을 수 있다고 해도 과언이 아니다.

한편, 64년간의 빅토리아 시대가 막을 내린 후 20세기의 태동과 함께 시작된 에드워디안 시대는 플래티넘과 다이아몬드, 진주, 이 화이트 트리오가 '백색의 시대'를 이끌었다. 19세기 말 남아프리카에서 다이아몬드 광산이 대량으로 발견되어 다이아몬드의 공급이 더욱 풍부해지자, 상류층에서는 더욱 크고 좋은 품질의 다이아몬드로 차별화하고자 했다. 플래티넘은 세팅의 크기를 현저하게 축소시켰고, 이때 불후의 명작과도 같은 각종 다이아몬드 커팅이 대거 등장했다.

비슷한 시기, 유럽의 한편에서는 값비싼 보석과 기계의 사용을 거부하고, 공예를 예술품 수준으로 올리자고 주창하는 미술공예운동이 벌어지고 있었다. 이에 영향을 받아 자연의 유기적인 형태와 유동적인 선 같은 디자인의 예술적 가치와 창의성을 추구하는 아르누보 운동도 진행되었으니 가장 다양한 주얼리 스타일이 혼재했던 시기다.

기술문명의 발전과 함께 탄생한 '광란의 1920년대'에는 추상주의, 입체파, 야수파, 오리엔탈리즘 등 다양한 요소들이 융합된 아르데코 양식이 지배했다. 주얼리에서는 기하학적 디자인과 강렬한 색상대비, 기다란 소투아르 목걸이, 직사각형의 바게트 컷이나 에메랄드 컷 다이아몬드가 애용되었다. '플래퍼'라 불리던 신여성을 중심으로 유행한, 귀보석으로 만든 칵테일 반지는 지위의 표식이자 금주법에 저항하는 극적인 스테이트먼트 주얼리로 거듭났다.

제2차 세계대전 또한 주얼리에 큰 영향을 미쳤다. 군용으로 쓰여 공급이 불가능해진 플래티넘 대신 옐로 골드와 볼드한 유색보석 주얼리가 장악한 레트로 시대가 열린 것이다. 마침 1930년대 브라질에서 발견된 대규모 유색보석 광산 덕분에 시트린, 아쿠아마린, 쿤자이트, 토파즈, 투어멀린, 자수정 등 비싸지 않은 준보석의 공급이 풍부해진 상태였다. 할리우드 배우들은 아카데미 시상식에 화려한 유색보석으로 장식된 칵테일 반지를 끼고 등장했다. 다이아몬드는 1947년 드비어스의 '다이아몬드는 영원히' 캠페인의 성공으로, 세계적으로 입지를 확고히 다질 수 있었다.

이후 주얼리는 20세기 유명인들의 이야기가 덧입혀지면서 '위대한 사랑'과 동의어로 자리 잡게 되었다. 특히 1940~1950년대를 풍미한 주얼리 아이콘들은 수많은 어록과 에피소드를 남기며, 오늘날 주얼리 컬렉팅의 중요 요소 중 하나인 '출처provenance' 가치에 힘을 실어주었다. 유명인이 소장했던 주얼리에 의미를 부여하는 심리는 주얼리가 지극히 감성적 매개체라는 것을 방증한다.

보석은 재력가들이 '트로피 와이프'를 얻는 대가이기도 했고, 경매회사를 통해 현금화되면서 그 사랑이 깨졌음을 공식적으로 알리는 매개체도 되었다. 누군가는 이혼 도장이 마르기도 전에 휘황찬란한 보석 컬렉션을 경매에 내놓아 보란 듯이 분노를 표시했다. 또 사랑과 불륜을 오가며 스캔들의 주역이 되더라도 한때 사랑하던 이들이 선사한 보석만큼은 소중히 간직한 사람도 있다. 이 경우 그들의 보석은 사후에야 대중에게 공개되면서 애잔한 감정을 불러일으켰으니, 그 사랑의 흔적을 소유하기 위해 누군가는 기꺼이 천문학적인 금액을 지불했다. 그

시대의 주얼리 아이콘
엘리자베스 테일러가 소유했던
데이비드 웹의 산호, 에메랄드,
다이아몬드로 제작한 귀고리
ⓒFD Gallery

렇게 소재 가치 위에 감성의 힘이 더해져 주얼리의 아이콘이라 불리는 그들과 함께, 주얼리는 어느덧 독립적인 위치를 공고히 다져놓았다. 오늘날 이미 사라져버린 그들을 대체할 새로운 아이콘은 누가 될 것인지 자못 궁금해진다.

불가리의 에메랄드 브로치를 착용한
엘리자베스 테일러와 이를 선물한 리처드 버턴
ⓒBulgari

한편, 보석에 대한 통찰력을 일찍이 깨우친 영화계에서는 다수의 영화를 통해 보석의 존재에 더욱 힘을 실어 주었다. 물질이 되었든 마음이 되었든 훔치고픈 욕망과 달콤한 로맨스를 표현하기에 보석만 한 소재도 없기 때문이다. 현대의 감독들은 때때로 다이아몬드의 색상에도 의미를 부여해 영화의 중심 소재로 부각시켰다. 〈색, 계〉의 핑크 다이아몬드나 〈도둑들〉의 옐로 다이아몬드는 갈등 상황에서 주인공들의 변화되는 심리를 표현하는 데 최적의 매개체였다. 비단 다이아몬드뿐 아니라 진주 귀고리와 오닉스 반지에도 무한한 상상력이 더해져 한 편의 온전한 영화로 거듭날 수 있었다.

베르두라의 스타 사파이어 플로럴 브로치
©Verdura

오늘날 불후의 아티스트로 추앙받는 20세기의 주얼리 디자이너들은 무한한 영감을 안겨준 뮤즈 덕분에, 그리고 예술성을 알아본 재력가들의 후원에 힘입어 자유롭게 창의력을 뽐낼 수 있었다. 그저 하나의 돌로 치부될 수도 있었던 보석은, 그들의 손끝에서 역사적인 작품으로 거듭났다.

또한 그들은 하이 주얼리는 저녁에 착용해야 한다는 보수적인 주얼리 코드를 깬 획기적인 디자인으로 주얼리의 역사를 새로 써내려갔다. 전쟁 후 여성들은 라이프스타일이 바뀌면서 데이타임용 주얼리가 필요했다. 미드 센추리Mid Century에 등장한 고정관념을 깬 디자인은 할리우드의 흥분과 낭만을 고스란히 반영했다.

다행히도 사명감 있는 주얼러들 덕분에 베르두라나 벨페론, 슐럼버제의 경우처럼 디자이너가 사망한 후에도 그 정신은 계승될 수 있었다. 그들을 있게 한 상징적인 컬렉션은 '컨템포러리'라는 새 옷을 입고 꾸준히 시장에 나오는 중이다.

이들에게 영향을 받은 21세기의 주얼리 아티스트들은 과거 선배들을 상징하는 장인정신과 고전적인 모티브를 계승하되 현대적인 시각과 방향성을 더함으로써 또 다른 가치를 부여하고 있다. 그들은 기술 발전으로 대량생산을 할 수 있음에도 이런 유혹을 떨치고, 아티스트로 거듭났다. 또한 주얼리에 예술이 갖는 고귀함과 배타성이라는 후광 효과와 돈으로 환산할 수 없는 미적 가치를 반영하고 있다. 소비자에게는 이 세상 하나뿐인 창작물을 소유한 듯한 자부심으로 연결되어 엔돌핀이 샘솟게 만든다.

인간은 물질에 집착하는 과정에서 나름의 가치를 부여하고 소장의 기쁨을 누리고자 하는 본능이 있다. 감성과 이성의 혼재 속에 '분수에 넘친다'는 압박이 느껴질 때마다 끊임없는 자기 합리화를 거치니 길티 플레져guilty pleasure에서 조금은 자유로워지기 때문일 것이다.

상당 부분 호화스러움만 부각되어 자칫 '사치품'으로 치부되기 쉬운 주얼리는 사실 하나의 '가치품'이라고 볼 수 있다. 아니, 어쩌면 사치품과 가치품은 한 끗 차이일지도 모른다. 그러나 소재 가치뿐 아니라 만드는 사람, 구매하는 사람, 착용하는 사람의 특별한 이야기가 더해

로렌스 보이머의
다이아몬드 반지
©Lorenz Bäumer

주얼리는 개인의
감성을 담은 보고다
©Minetani

진 가치에 초점을 맞출 때 주얼리는 무궁무진한 영감을 자극하는 블루오션이 된다. 가격표에 붙은 숫자를 넘어 누군가의 추억과 그 당시의 감성을 담은 보고寶庫인 주얼리는 감성과 자산 가치 측면에서 모두 값진 유산인 것이다.

과거 보석을 통해 부를 과시했던 사람들은 이제 자신의 취향과 안목을 과시하는 방향으로 옮겨가고 있다. 왕위를 포기할 정도로 위대한 사랑을 보석이 대변하던 시대도 이제는 지났다. 단언컨대, 21세기를 채워갈 주얼리의 화두는 인간의 역사와 철학이 응집된 보석을 통해 미래의 진정한 가치를 탐구하는 데서 찾아야 할 것이다.

*Chapter*

# 2

# 보석함 속의 세계사

*Jewelry Story*

주얼리는 시대의 흐름에 맞춰 자연스럽게 다양한 모습으로 진화했다. 전쟁 같은 역사적인 사건이나 경제적 · 사회적 변화에 영향을 받기도 했고, 왕족이나 예술가, 할리우드 배우로 인해 전환점을 맞기도 했다. 따라서 2장에서는 주얼리를 통해 그 시대의 역사를 되짚어보는 데 의의를 두었다.

과거 누군가가 소유했던 주얼리를 통틀어 이스테이트 주얼리[estate jewelry]라고 부른다. 이는 또다시 아르데코나 아르누보 같은 시대 주얼리[period jewelry], 100년 이상 된 앤티크 주얼리[antique jewelry], 그리고 1960년부터 현대에 속하는 모던 이스테이트 주얼리[modern estate jewelry], 이 세 가지로 나뉜다. 본 장은 이를 바탕으로 국제적으로 통용되는 조지언(1714~1830), 빅토리아(1837~1901), 에드워디안(1901~1914), 아르누보(1895~1915), 아르데코(1914~1935), 레트로(1935~1950), 이렇게 여섯 시대로 분류했다. 조지언, 빅토리아, 에드워디안은 왕의 이름에서, 아르누보, 아르데코, 레트로는 예술 양식에서 따온 이름이다. 이 외에도 고대와 르네상스 시대를 대표하는 주얼리 아이템 두 가지를 추가로 풀어보았다.

각 시대는 조금씩 겹치기도 하고, 사람마다 약간씩 다른 시점을 주장하기도 한다. 대표적인 예가 아르누보 시대와 에드워디안 시대다. 아르누보는 1895년에서 1915년까지 지속되었지만, 에드워디안은 1901년에 시작되어 1914년에 끝났기 때문에 상당 부분 겹친다.

## (고대) 시그닛 반지:
## 젠틀맨의 상징

2013년에 개봉한 영화 〈위대한 개츠비〉에서 주인공 레오나르도 디카프리오가 클로즈업될 때마다 손에 끼워진 블랙 오닉스 반지가 시선을 끌었다. 그는 영화가 끝날 때까지 '데이지 꽃'(사랑하던 여인의 이름이기도 한)이 새겨진 시그닛 반지를 새끼손가락에 끼고 나왔다. 단순한 액세서리로 보기에는 그 존재감이 예사롭지 않아 역사적으로 남자들에게 반지란 어떤 의미가 있었는지 호기심이 생겼다.

우리는 보통 반지를 장식이나 언약의 용도로 사용한다. 하지만 알고 보면 반지는 생각보다 다양한 용도와 목적으로 사용되었다. 4천 년 전에도 반지는 '반짝이는 존재' 그 이상이었다. 그때부터 다른 주얼리보다 착용자를 구별하는 힘이 강했기 때문이다. 그중 시그닛 반지는 가장 오래된 형태의 지위를 상징하는 도구이자, 실용적인 목적으로 쓰인 최초의 반지다. 실 링seal ring이라고도 부르는데 우리말로 바꾸면 '도장이 새겨진 반지' 정도로 볼 수 있다.

영화 〈위대한 개츠비〉에서 레오나르도 디카프리오가 착용한 데이지 문양이 새겨진 블랙 오닉스 시그닛 반지

## 시그닛 반지, 계급을 말하다

계급 관계가 뚜렷했던 고대 사회에서는 읽고 쓸 줄 아는 사람이 적었다. 그러나 엄연히 왕실의 성명서나 공식적인 문서가 존재했고, 이에 서명이나 공증의 절차도 필요했다. 따라서 정부 관료나 부유층에서는 서명을 대신할 인장이 필수적이었다. 고위층 인사들은 그들을 대변하는 심벌이나 배지를 금속에 조각한 후 젖은 점토나 뜨거운 왁스에 눌러 찍는 방식으로 인장을 사용했다. 나중에는 잉크를 묻혀 양피지나 종이에 눌러 찍었다. 이때 시그닛 반지는 가장 손쉽게, 그리고 안전하게 인장을 소지할 수 있는 방법이었다. 인장을 반지로 만들어 왼손 새끼손가락에 끼고 있다가 공식 문서에 서명 대신 왁스에 찍어 사용하면 그만이기 때문이다.

시그닛 반지는 권력의 상징일 뿐 아니라 상업적인 절차에 있어서도 반드시 필요한 도구였다. 서류의 진위 여부나 재산의 소유를 증명하는 도구는 아무나 가질 수 없으니 착용자가 특정 계급이나 최소한 높은 지위에 속한다는 것을 보여주는 증표이기도 했다. 아버지가 아들에게 권력과 권위를 물려주는 수단으로 시그닛 반지를 유산으로 남기는 것도 관습으로 정착되었다.

## 고대 이집트, 그리스, 로마에서 시그닛 반지는?

고대 이집트, 그리스, 로마에서 모두 시그닛 반지를 활용했으나 그 안의 조각된 내용을 보면 각기 다른 특징이 있다. 이집트인들은 처음으로 반지에 도장 개념을 접목한 사람들이다. 영혼 불멸의 신앙 속에 있던 그들은 풍뎅이를 생명의 상징으로 여겨 매우 신성시했다. 당연히 시그닛 반지에서도 풍뎅이 모티브의 인기가 높았다. 반지 전체를 금으로 만들어 죽은 풍뎅이를 끼워 넣거나, 풍뎅이 문양을 새긴 백수정이나 자수정을 세팅한 반지가 흔하게 볼 수 있는 형태였다. 반지의 상단을 360도 돌아가게 만들어 윗면에는 풍뎅이를 밑면에는 소유자의 이름이나 직위를 새기기도 했는데, 보통 그 반지는 고위 관료나 성직자들의 소유였다. 풍뎅이 외에도 직사각형이나 타원형의 베젤bezel(보석을 끼우는 홈이나 테두리) 안쪽에 착용자의 이름과 직업을 상형문자를 써서 음각으로 새기기도 했다.

그리스에서는 금, 은, 동 같은 부드러운 금속으로 고정된 테를 만들어 그 안에 인장을 새겨넣은 베젤 형태의 시그닛 반지를 가장 선호했다. 자연주의적이고 사실적인 미술을 추구한 그리스인들은 자연 속의 여러 모티브(특히 동물)를 반지에 조각했다. 또한 전지전능한 신보다

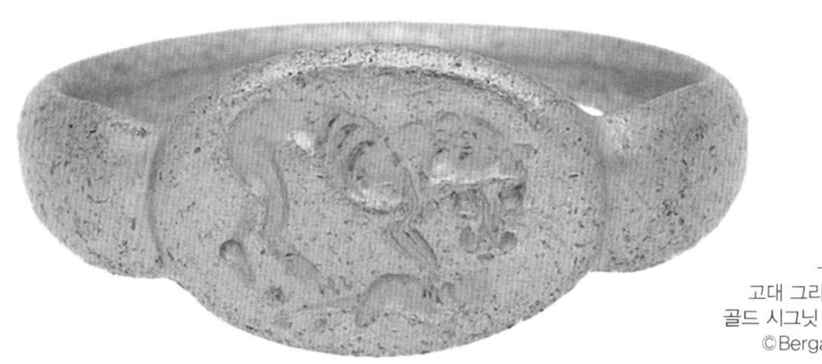

고대 그리스의 골드 시그닛 반지 ©Berganza

인간의 삶을 중시하고, 비례와 조화를 추구한 사람들답게 반지에 유색 보석을 사용하면서부터는 아름답고 균형 잡힌 인간의 모습을 새겨 넣었다. 반지 소유자의 초상화와 유명한 조각상 이미지가 가장 선호된 모티브였다.

로마 시대의 시그닛 반지는 착용자의 권력을 상징하는 매우 중요한 물건으로 편지를 밀봉하거나 중요한 서류에 서명 대신 사용했다. 부드러운 성질 덕분에 모노그램이나 문장, 또는 여러 심벌을 새기기 수월한 금이 애용되었다.

시간이 흐르면서 시그닛의 크기도 커지고 들어가는 내용도 다양해졌다. 로마인들은 실제 로마인의 생활상을 묘사한 이미지를 여러 종류의 유색보석에 새겨넣었다. 그 외에도 신의 모습부터 사랑의 상징까지 다양한 이미지를 새겼다. 그러면서 시그닛 반지는 공식적인 인장뿐 아니라 예술적인 표현을 하는 장치로 진화했다.

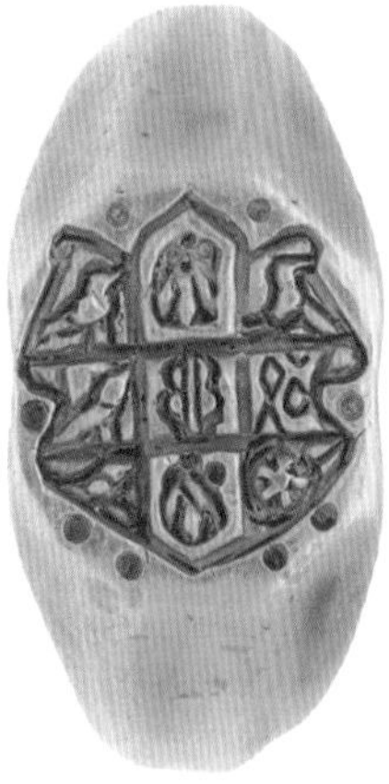

폼페이우스 장군은 검을 물고 있는 사자를, 카이사르는 무장한 비너스 여신을 반지에 새겨넣었다. 네로 황제는 산 채로 마르시아스(그리스 신화에서 아폴로와 음악시합을 벌인 인물)의 살갗을 벗기는 아폴로의 모습을 조각한 시그닛 반지를 주로 착용했다. 황제나 영웅을 새긴 반지도 인기가 많았는데 아우구스투스 황제는 반지에 스핑크스를 새겼다가 나중에 알렉산더 대

중세시대 가문의 문장을 새긴 시그닛 반지 ©Berganza

왕의 얼굴로 교체했다고 한다. 결국에는 자신의 얼굴을 조각해 넣을 정도로, 시그닛 반지에 큰 의미를 부여했다.

## 중세 이후 달라진 시그닛 반지

로마 제국의 뒤를 이은 중세 비잔틴 제국에서는 인장이 활자 형태로 바뀌는 전환기를 맞았다. 동시에 시그닛 반지의 인기가 급증하기 시작했다. 중세 시대의 모든 귀족층에서는 중요한 문서에 사인과 봉인을 위한 목적으로 시그닛 반지를 착용했다.

영국의 에드워드 2세가 통치한 14세기에는 모든 공식 문서가 왕의 시그닛 반지로 봉인되어야 했다. 왕은 부정사용을 방지하기 위해 자신의 시그닛 반지를 복제하지 못하게 했다. 당시에는 소유자가 사망하면 반지도 폐기하는 경우가 많았기 때문에, 오늘날 역사 깊은 앤티크 시그닛 반지를 구하기란 매우 어렵다.

17세기 들어 시그닛 반지는 한동안 유행에서 멀어졌다. 대신 상류층 남성들은 다른 장신구에 인장을 담아 체인에 걸어 착용했다. 18세기말 시그닛 반지의 유행이 돌아오면서 이후 19세기까지 가장 인기 있는 시그닛 반지의 모티브는 가문의 문장紋章이었다. 남성들은 문장을 통해 가문의 역사와 전통에 대한 자부심을 드러냈다. 신고전주의의 영향으로 부유층에서는 고대의 앤티크 인탈리오intaglio(음각을 한 장신구)와 카메오cameo(돋을새김을 한 장신구)를 구해서 새롭게 시그닛 반지를 만들기도 했다. 낭만적이거나 과거의 향수를 불러일으키는 디자인이 주를 이루었다.

19세기말 어느덧 시그닛 반지는 공식적인 인장의 역할보다는 주얼리로서 감성적인 상징물에 가까워졌다. 착용 대상도 특수 계층뿐 아니라 모든 남성들로 점차 확대되었다. 그들은 루비, 자수정, 가넷, 라피스라줄리 등의 천연보석을 반지에 베젤 방식bezel setting(보석을 금속 테 안에 끼워넣는 세팅 방법)으로 세팅하기도 했다. 그리고 권력과 권위의 상징으로서의 시그닛 반지는 20세기 이후 거의 자취를 감추고 만다.

## 21세기 시그닛 반지

21세기에 들어서 공식적인 용도의 시그닛 반지는 교황의 옥새라 불리는 '어부의 반지Fisherman's ring'가 유일하다. 역대 교황들을 어부 출신이던 베드로의 후계자로 여긴 데서 생긴 명칭으로, 반지에 물고기를 잡는 베드로의 모습을 새겨넣어 교황의 수위권首位權에 대한 정통성을 부여하는 것이다. 반지는 새로운 교황이 즉위할 때마다 새로 제작하는데 교황의 권위, 기독교의 신념이라는 상징적 스토리로 인해 비견할 수 없는 가치가 있다.

교황의 선종과 함께 시그닛 반지를 파괴하는 예식은 죽음과 동시에 권위도 종료되었음을 의미한다. 물론 교황이 생전 승인하지 않은 문서의 위조를 막으려는 목적도 있다. 반지를 실제 부수는 것은 아니고 십자 모양의 흠을 낸다.

원래 교황의 반지는 금으로 만드는 게 원칙인데 현재 프란치스코 교황의 반지는 은 위에 금도금이 되어 있다. 게다가 새로 디자인한 것이 아니라, 과거 교황 바오로 6세를 위해 디자인되었으나 채택되지 않은 틀을 사용해, 검소함을 몸소 실천하고 있다.

오늘날 가문의 상징이나 문장을 개인적인 이유로 반지에 새기는 사람이 종종 있다. 하지만 이제는 그 자체도 하나의 '패션 스테이트먼트'일 뿐이다. 시중에는 사각형이나 타원형의 금속 베젤 형태를 가장 많이 볼 수 있다. 영화 〈위대한 개츠비〉에서 나온 블랙 오닉스에 이니셜이나 모노그램 또는 개인의 상징적인 문양을 새긴 형태도 인기다.

20세기의 시그닛 반지 애호가로 알려진 윈스턴 처칠과 프랭크 시나트라를 굳이 예로 들지 않더라도 시그닛 반지는 오로지 '젠틀맨'만의 전유물이자, 남자로서 한 번쯤은 꿈꿔보는 권위의 상징이었다. 그리고 '패션 성명서'로 다시 고개를 든 21세기의 시그닛 반지는, 그 영역이 확대되어 여성의 보석함을 채우는 패션 주얼리로 연착륙하는 중이다. 현대에는 이름의 이니셜을 따 완성하는 시그닛 반지가 전통의 품위와 함께 개인을 표현하는 가장 손쉬운 주얼리라 할 수 있을 것이다.

프란치스코 교황의 '어부의 반지'

## (르네상스) 진주 목걸이:
## 여왕 엘리자베스 1세의 처녀성

'창백한 매부리코, 다이아몬드로 뒤덮인 왕관, 넓은 러프 깃과 엄청난 양의 진주' 소설가 호레이스 월폴은 영국의 황금시대를 이끈 엘리자베스 1세를 이렇게 표현했다. 엘리자베스 1세는 절대왕정 시기에 영국의 발전을 이끈 튜더 왕조의 다섯 번째이자 마지막 군주다. 당시의 영국은 윌리엄 셰익스피어, 크리스토퍼 말로가 이끄는 문학이 번영했고, 철학, 시, 음악, 패션에서 최고점을 찍은 르네상스 시대였다.

영국은 여왕의 통치 기간 동안 중상주의 사상을 기반으로 막강한 해군력을 자랑하며 유럽의 강국으로 떠올랐다. 특히 1588년 스페인의 무적함대를 격파해 유럽 변방에 불과했던 영국의 존재감을 최대치로 높인 사건은 훗날 영국 역사의 흐름을 바꾸는 전환점이 되었다.

### 아름다움에 집착한 패셔니스타 여왕

이렇듯 업적만큼 열렬한 지지를 받은 여왕은 패션에 있어서도 최대의 영향력을 발휘했다. 혼자 있을 때는 같은 옷을 2, 3일씩 입었지만 남들 앞에서는 매번 화려하게 치장해 깊은 인상을 남기고자 했다. 당시 영국은 의상과 액세서리가 지위를 상징했던 시기였으므로 지위에 따라 격식에 맞는 의상을 갖춰야 했다. 당연히 최고의 권위를 누리던 여왕은 그 누구보다 더욱 고급스럽고 화려한 의복을 갖춰야 했는데, 즉위

10년 후부터 드레스에 화려한 자수나 온갖 보석을 달기 시작했다. 인간의 본성에 충실한 르네상스 시대에는 보석을 종교적인 죄의식에서 동떨어진 것으로 여겼기 때문에, 이런 호화로운 드레스는 여왕을 추종하는 영국 귀족층 사이에서 크게 유행했다.

여왕의 아름다움에 대한 집착은 여기서 그치지 않았다. 뺨에 남은 천연두 흉터를 가리기 위해 두꺼운 화장을 했고, 화장을 하지 않고서는 외출하지 않았다. 납과 비소가 들어 있는 분말로 피부를 하얗게 단장했고, 입술과 뺨은 빨갛게 칠했다. 당시 영국의 미인상이자 부의 상징이었던 하얀 피부와 붉은 입술은 남자들에게까지 퍼졌다.

그러나 여왕의 피부는 점차 퍼렇게 썩기 시작했다. 판단력을 잃은 여왕은 화장을 더욱 두껍게 했고, 치아가 빠져 쑥 들어간 볼을 메우기 위해 입안에 천 쪼가리를 집어넣기도 했다. 설상가상으로 눈썹까지 뽑았다고 하니 얼마나 기괴한 모습일지 상상이 가지 않는가? 결국 여왕은 70세에 납 중독을 비롯하여 각종 질병으로 사망했다.

### 여왕 엘리자베스 1세는 왜 진주를 선택했을까?

여왕은 미의 추구뿐 아니라 본인의 정치적 이미지를 '위대한 통치자'로 투사하는 데도 의상, 주얼리, 가발, 화장을 영리하게 활용했다. 그중에서도 온갖 휘황한 보석을 제치고 선택한 진주에 대한 애착이 커질수록, 여왕으로서 압도하는 카리스마도 함께 커졌다. 말년에 여왕이 소유한 진주 장식 드레스만 해도 무려 3천여 벌에, 진주 장식 가발 역시

80여 개나 되었다.

채굴 후 연마 작업이 필요한 우락부락한 다이아몬드 원석과 달리 진주는 조개에서 나온 모습 오롯이 보석이 된다. 이런 때 묻지 않은 순결함과 오묘한 빛을 띠는 천연 광택이 진주만의 강력한 필살기임을 여왕은 간파하고 있었다. "나는 영국과 결혼했다"고 외치며 평생 독신으로 산 여왕에게 진주는 완벽한 '처녀성'의 상징이었던 것이다. 처녀를 상징하는 여신의 그림에 자신의 얼굴을 그려넣기도 했으니, 순결한 이미지에 대해서는 거의 강박 수준이라고 볼 수 있다. 영국 최초의 북아메리카 식민지 이름을 '버지니아'로 지은 것도 같은 맥락이다.

그렇다면 순결하고 고귀한 이미지의 여왕에게 아무도 접근하지 못했던 것일까? 당연히 젊은 나이에 여왕이 된 엘리자베스 1세를 각국의 왕자들이 내버려둘 리 없었다. 스페인의 펠리페 2세, 오스트리아의 카를 대공, 스웨덴의 에리크 14세, 훗날 프랑스 왕이 된 앙주 공작 앙리 등 쟁쟁한 인사들이 결혼해달라고 줄을 섰다. 여왕은 단번에 청혼을 거절하지는 않았다. 약체였던 영국에게는 결혼으로 강력한 동맹이 필요했기 때문이다. 다만 교묘하게 구혼자들을 서로 경쟁시켜 외교에 활용했다. 그러다 어느 순간 영원히 처녀성을 지키겠다고 선언하는 등 뛰어난 연기력을 펼치기도 했다.

본인과 궁정의 일관성 있는 '순결한' 이미지를 위해 엄격한 도덕성을 강요함은 물론, 시녀들에게도 검은색과 흰색 드레스만 입게 했다. 결국 처녀로 국가를 위해 헌신한 여왕의 이미지와 동경심을 자극하는 권력 수단으로써의 진주는 탁월한 선택이었다.

## 르네상스 후기에 시작된 진주의 시대

진주는 당시 영국의 왕실뿐 아니라 유럽 전체에서도 가장 많이 쓰인 보석이었다. 이때부터 소위 '진주의 시대'가 시작된 것이다. 르네상스 후기에서 바로크를 거쳐 로코코 초기까지 진주의 수요는 절정에 이른다. 그러나 이후 17세기 중반 다이아몬드의 광채를 극대화한 연마법인 '브릴리언트 커팅'이 발명되면서, 진주는 다이아몬드에 밀려 주춤거리기 시작한다.

중산층에서는 전부 진주만으로 제작한 목걸이보다는 에나멜 장식과 함께 아주 소량의 진주를 사용한 목걸이를 주로 착용했다. 귀족층이나 부유한 상인층에서는 길이가 다양한 금체인과 진주를 엮은 목걸이가 유행했는데, 목에 짧게 걸쳐지는 진주 초커를 다른 목걸이와 겹쳐서 착용하기도 했다. 남성들도 진주를 목걸이로 착용하되 여성용과 구별할 수 있게 굵고 무거운 체인으로 제작했다.

왕실에서 여왕은 상징적인 7겹의 긴 진주 목걸이 외에도 카커넷carcanet(귀금속과 각종 보석을 연결한 화려한 목걸이로 보통 목에 딱 맞게 착용했다)이라는 진주 목걸이를 애용해서, 목도리 도마뱀같이 높고 빳빳하게 목을 감싸는 러프 칼라 밑으로 늘어뜨렸다. 목걸이에 연결된 골드 십자가 펜던트에는 물방울 모양의 진주가 달랑거렸다. 동그란 모양뿐 아니라 울퉁불퉁한 형태의 바로크 진주도 브로치나 펜던트의 단골 소재로 쓰였다. 나이가 들면서 더욱 과해진 여왕의 진주 사랑은 45년의 통치 기간 동안 남긴 150여 점의 초상화에 잘 나타나 있다.

## 초상화에 나타난 여왕의 진주 사랑

엘리자베스 1세는 여왕이 되기까지 위태롭고 불행한 상황에 여러 번 처했다. 어머니인 앤 불린 왕비가 아버지 헨리 8세에게 처형당한 후 존재 자체가 모호해졌기 때문이다. 왕위 서열로는 겨우 3순위였던 엘리자베스 1세는 보석을 많이 소유하기도 어려웠지만, 어린 시절에는 치장 자체에 그다지 취미가 없었다.

1546년 윌리엄 스크로츠가 그린 공주 시절 엘리자베스의 초상화를 보면 비교적 단출한 스타일의 진주 목걸이를 즐겨 했음을 알 수 있다. 긴 진주 목걸이를 한 번 감아 세 개의 물방울 모양의 진주를 가운데에 매단 형태는 어머니 앤 불린 왕비의 목걸이와 같은 디자인이다. 그러나 여왕으로 즉위한 후 사용한 진주의 양은 상상을 초월하는 수준으로 늘어난다.

이번에는 1588년 영국 해군이 스페인 함대를 무찌른 기념으로 제작한 조지 가워의 아르마다 초상화Armada Portrait를 살펴보자. 여왕은 진주와 리본 자수가 장식된 드레스를 입고 어깨 주변에는 진주가 수놓인 거대한 로브robe를 두르고 있다. 마치 공작새의 날개처럼 호사스러운 러프 칼라 밑으로는 길게 늘어진 7줄의 진주 목걸이가 보인다. 쌍을 이룬 물방울 모양의 진주는 머리 장식에 사용되었고, 뒤켠에 보이는 왕관에는 진주와 유색보석이 군데군데 세팅되어 있다.

여왕은 이렇듯 숙명의 라이벌이던 스페인을 군사력으로는 물리쳤지만 진주 컬렉션에 있어서는 못내 아쉬운 마음이 남아 있었다. 언제나 수많은 진주로 치장하고 희귀한 흑진주까지 소유했건만, 스페인의 펠

윌리엄 스크로츠가 그린
공주 시절의 여왕
c.1546

조지 가워가 그린
아르마다 초상화
c.1588

마커스 기레아츠가 그린
여왕의 초상화
c.1592

마커스 기레아츠가 그린
말년의 여왕의 초상화
c.1595

리페 2세가 소유한 '라 페레그리나La Peregrina' 진주는 손에 넣지 못했기 때문이다. 자연산 진주로서 최대의 크기를 자랑하는 이 물방울 모양의 진주는 중량이 203.84그레인으로 현재 단위로 치면 무려 55캐럿에 이른다.

이 진주는 펠리페 2세의 부인이자 엘리자베스 여왕의 이복 언니인 매리 튜더, 그리고 프랑스의 나폴레옹을 거쳐 훗날 영화배우 엘리자베스 테일러의 소유가 된다. 1969년 리처드 버턴이 3만 7천 달러에 구입해 테일러에게 선물했는데, 지난 2011년 말 크리스티 경매를 통해 진주 목걸이로는 역대 최고 경매가인 1184만 달러(약 137억 원)에 팔렸다.

## 여왕의 진주는 천연이었을까?

지금은 고갈되어 구경하기도 힘든 천연진주가 그 당시에는 여왕의 치장을 충당할 정도로 풍부했을까? 먼저 천연진주의 가치부터 알아볼 필요가 있다.

기원전 고대에서는 진주가 소수층에서만 향유할 수 있을 정도로 매우 귀했다. 클레오파트라가 안토니우스 앞에서 식초에 녹여 마신 진주 귀고리는 당시 노예 1만 명 또는 15개국을 살 수 있는 가치였다고 하니 어느 정도인지 짐작할 수 있다.

후에 전통적인 진주 원산지인 페르시아만이나 홍해 외에도 16~17세기에 들어 신대륙에서 집중적으로 진주 개발이 이루어졌다. 그러나 19세기 말 일본의 코키치 미키모토가 양식 진주를 개발하기 전까지 자연적으로 생겨난 진주는 여전히 희귀했다.

인간이 조개에 핵을 넣어 키운 양식진주와 달리 천연진주에서는 대개 바로크라고 불리는 불규칙한 형태가 보편적으로 나타난다. 바꿔 말하자면 자연산으로 지름 5밀리미터 이상의 완벽한 구형을 찾기란 극히 어려운 일이라는 뜻이다.

그런데 초상화에 나타난 여왕의 목걸이와 드레스 장식에 쓰인 진주는 대부분 완벽한 구형이거나 거의 구형에 가깝다. 다른 조개에서 길러졌을 텐데 쌍둥이처럼 짝이 맞는다. 제아무리 왕실이라도 여왕의 어마어마한 치장에 희소성 높은 '동그란' 천연진주만으로 충당할 수는 없었을 것이다. 결국 진주 마니아인 여왕도 본인의 '처녀' 이미지를 유지하기 위해 상당수의 모조진주를 사용했음을 알 수 있다.

당시 모조진주로 유명한 곳은 유리 공예로 유명한 베네치아 공화국이었다. 파우더 글라스powder glass라 불리는 분체 유리에 달팽이 점액, 달걀 흰자위를 섞은 후 압력을 가해 동그랗게 모조진주를 만들었다. 생선 비늘 추출물 위에 설화석고를 코팅하거나, 조개껍데기와 생선 비늘을 이용하기도 했다.

그러나 당시 베네치아에서 모조진주 거래는 엄연한 불법으로, 제조업자들은 걸리는 즉시 오른 손목이 잘리고 10년간 강제 추방이라는 엄벌에 처해졌다. 그들이 손목을 걸고 만든 모조진주가 결국 여왕의 '처녀' 왕 이미지를 만드는 데 일조한 셈이다.

## (조지언) 샹들리에 귀고리:
## 화려함과 우아함을 동시에 갖춘 주얼리

움직일 때마다 양쪽 귀에서 춤을 추듯 움직이는 샹들리에 귀고리는 프랑스에서 지랑돌girandole이라고 불렸다. 샹들리에Chandelier는 본래 촛대라는 뜻이었으나 시간이 지나며 장식효과를 주목적으로 한 조명기구를 의미하는 단어가 되었다. '매단 등', '가지가 많은 장식 촛대'란 의미의 라틴어 칸델라부룸candelabrum에서 유래했다는 설도 있다.

사실 천장에 매달린 조명은 아주 먼 옛날 고대 시대부터 존재했다. 조명의 용도로만 쓰이던 것이 중세 시대에 실내 장식의 목적이 더해져 16세기 이후부터 호화로운 인테리어 역할을 하게 된 것이다. 그 화려함의 꽃을 피운 것은 18세기 베네치아의 우수한 공예품인 글라스 샹들리에 덕분이었다고 할 수 있다.

### 지랑돌이 사랑받았던 이유

주얼리에서 '샹들리에' 또는 '지랑돌'은 엄밀히 말하면 원형이나 타원형, 물방울 모양의 보석 세 개가 피라미드 층을 이루며 주렁주렁 달리는 형태를 일컫는다. 브로치나 펜던트로도 쓰였지만 귀고리로 가장 많이 활용되었다. 지랑돌 귀고리는 로마 시대에 처음 나타났는데, 17세기 프랑스를 거쳐 18세기 중반 로코코 스타일이 정점을 찍을 때 프랑스와 영국에서 전성기를 누렸다. 따라서 지랑돌이라 하면 전형적인 18

조지언 시대를 대표하는
지랑돌 귀고리 1
©FD Gallery

조지언 시대를 대표하는
지랑돌 귀고리 2
©FD Gallery

세기 로코코 양식의 주얼리를 지칭한다고 보면 된다. 지랑돌 귀고리는 19세기 말에서 20세기 초, 로코코 스타일이 다시 유행하면서 재조명되기도 했다.

지랑돌 귀고리가 유행한 18세기는 주얼리 사조로 따지면 영국 조지 왕의 이름을 딴 조지언 시대에 속한다. 조지언 시대를 좀 더 정확히 설명하자면 영국의 조지 1세부터 4세까지의 재위 기간인 1714년에서 1837년까지를 말한다. 100년이 넘는 긴 시간이다. 일반적으로 '18세기 영국'이나 '영국의 로코코'라는 의미로 통용되지만, 사실 영국을 포함한 18세기 유럽의 예술 사조는 단 한 가지 스타일로 규정할 수 없다. 화려하고 장식성이 강한 사교계 예술인 로코코 양식으로 출발했으나, 고딕 양식의 부흥을 거쳐 프랑스 혁명 후 나폴레옹이 집권한 후 신고전주의로 물들었기 때문이다.

정치적·경제적으로는 급진적인 격변기에 속한다. 프랑스와 미국에서는 혁명의 시기였고, 후기 조지언 시대는 산업혁명과 거의 시작을 같이 했으니 말이다. 과학의 혁신과 기술의 발전은 자연스럽게 주얼리 디자인과 제작 과정에도 영향을 미쳤다. 따라서 조지언 시대의 주얼리 역시 한 세기가 넘는 시간 동안 다양한 모습으로 진화했다.

### 로코코 양식의 필수품, 지랑돌 귀고리

18세기 한가운데 지랑돌 귀고리가 유행한 배경에는 로코코 양식의 의복과 헤어스타일의 영향도 컸다. 바닥에 길게 끌리는 폭넓은 드레스와

높게 솟은 헤어스타일에 균형을 잡아줄 장신구가 필요했던 것이다. 허리는 코르셋으로 조여 강조하고 깊고 넓게 파진 목선, 팔의 4분의 3을 차지하는 소매, 값비싼 실크, 태피터taffeta(레이온, 나일론, 견섬유로 만들어진 매끄러우면서 약간 빳빳한 섬유. 드레스의 안감으로 사용된다), 레이스 소재로 된 화려한 드레스에는 이에 걸맞는 호사스럽고 부피가 큰 주얼리가 제격이다. 드레스의 존재감에 눌리지 않을 정도로 눈에 띄는 소위 '귀족풍'의 주얼리 말이다.

깊게 파인 목선과 거대한 업스타일 머리장식으로 여성들의 턱 선은 그대로 드러났다. 이 여백을 알차게 채우는 데는 풍성하게 늘어지는 지랑돌 귀고리와 초커, 리비에르rivière(같은 종류의 스톤을 점진적인 크기로 한 줄로 배열한 목걸이) 같은 짧지만 존재감 있는 목걸이가 안성맞춤이었다.

주얼리를 이루는 보석으로는 다이아몬드, 백수정 같은 무색보석이나 핑크 토파즈나 자수정 같은 로맨틱한 색상의 유색보석이 큰 사랑을 받았다. 업스타일 머리장식이나 가발에는 진주를 쓰기도 했다. 이렇게 화려한 주얼리가 대세로 떠올라 지랑돌 귀고리는 가장 잘 차려 입은 의상에 반드시 착용해야 하는, 패션 감각을 뽐낼 수 있는 필수 주얼리로 간주되었다. 호사스러운 무도회나 극장 출입이 잦았던 귀족들의 이브닝드레스에 빠질 수 없는 단골손님이 된 것이다. 특별히 이 시대 지랑돌에서는 리본이 곁들여진 디자인을 많이 볼 수 있다.

그런데 이토록 사랑받던 지랑돌 귀고리에도 치명적인 단점이 있었다. 바로 묵직한 무게가 문제였다. 여성들은 귀고리를 착용하는 동안 귓불 밑으로 매달려 늘어지는 귀고리의 무게를 감내해야 했다. 19세기 영국 빅토리아 여왕의 초상화를 보면 늘어난 귓불을 발견할 수 있다. 할머니 샬롯 왕비가 물려준 18세기의 지랑돌 귀고리를 즐겨 착용한 결과였다.

## 신고전주의의 등장

그러나 이렇게 화려한 의복과 주얼리에도 곧이어 극적인 변화가 생기기 시작한다. 무려 2천 년간 화산재와 용암에 묻혀 있던 고대 로마 유적지 폼페이의 발굴이, 고전과 고대의 부활을 추구한 신고전주의에 불을 지핀 것이다. 게다가 세계 전역에 걸친 혁명도 이 흐름에 많은 영향을 끼쳤다. 프랑스 혁명 이념을 유럽 전역에 전파하는 데 큰 공헌을 한 나폴레옹이 왕위에 오른 후, 프랑스는 정치적으로 선구자 역할을 했다.

로코코 양식에 대한 반동과 공화정치를 공식적 귀감으로 삼은 신고전주의가 지배적인 사상이 되자, 호사스러운 주얼리는 구 왕정을 상징하는 혐오의 대상으로 받아들여졌다. 어느덧 지랑돌 귀고리는 좀 더 수수하고 얌전한 드롭형 귀고리로 대체되었다.

허리가 잘록하게 강조된 풍성하고 긴 드레스는 허리선이 가슴 바로 밑까지 올라간 엠파이어 웨이스트empire waist에 짧은 소매, 얕은 목선의 고대 그리스와 로마 스타일로 바뀌었다. 귀족적 의상은 사라지고 계급성이 없는 간소한 의복이 대세가 된 것이다.

주얼리도 고전의 영향을 받아 정교하고 세밀한 누금 세공filigree이 바

조지언 시대를 대표하는
지랑돌 귀고리 3
©FD Gallery

자크 루이 다비드,
〈레카미에 부인의 초상화〉
c.1800

탕이 된 목걸이나 팔찌를 착용했고, 장식도 카메오나 인탈리오 정도로 과하지 않게 했다. 이런 변화는 신고전주의를 대표하는 화가 자크 루이 다비드의 〈레카미에 부인의 초상화〉를 보면 잘 나타나 있다. 그림 속 부인은 고대풍의 간결한 옷을 입고 있으며 주얼리는 전혀 착용하고 있지 않다.

신고전주의와 함께 복식 스타일 자체가 바뀌면서 오갈 곳이 없어진 지랑돌 귀고리는 19세기 초반 결국 자취를 감추었다. 화려한 귀족을 상징하던 귀고리는 해체되어 펜던트나 새로운 디자인의 귀고리로 리세팅되었다.

## 다이아몬드가 있었기에 지랑돌도 존재했다

조지언 시기 지랑돌 귀고리가 호사를 누린 배경에는 다이아몬드의 부상도 한몫했다. 사실 18세기 이전에는 주얼리에 다이아몬드를 많이 사용하지 못했다. 게다가 유일한 다이아몬드 공급원이던 인두의 골콘다 광산의 채굴량은 점차 감소하는 추세였다. 그런데 1725년 브라질에서 극적으로 새로운 광산이 발견되면서 다이아몬드가 비교적 풍부하게 공급되기 시작한 것이다. 뿐만 아니라 다이아몬드의 광채를 극대화시킨 '브릴리언트 컷(오늘날 58면 브릴리언트 컷의 시초인 '마자린 브릴리언트 컷'이다)'의 개발로 17세기보다 훨씬 효과적으로 고품질의 다이아몬드를 사용할 수 있게 되었다.

이 시기 다이아몬드는 대체적으로 은에 세팅되었다. 금이 귀한 보석의 광채를 살리지 못한다고 믿었기 때문이기도 하지만, 금값 자체가 무척 비쌌기 때문이기도 하다. 그러나 은의 무른 성질 때문에 보석을 단단히 지지하기 위해 뒷면에 금을 덧대기도 했다.

그리고 이 시기에는 보석의 뒷면 모두 또는 아래 부분을 막은 클로즈드 백closed back 세팅이 대부분이었다. 간혹 저품질 보석의 색과 광채를 향상시키기 위해 호일foil을 대기도 했다. 18세기 말 무렵부터는 뒷면을 연 '오픈 백' 방식과 투명하게 세팅하는 새로운 기법이 소개되었다. 이때 대부분의 주얼리는 다시 세팅되었다. 오픈 기법으로 세팅된 주얼리는 낮에 착용하면 햇빛이 통과되어 최대한의 광채를 누릴 수 있었다.

그런데 매우 안타깝게도 오늘날 조지언 시대의 주얼리는 생각보다 찾아보기가 쉽지 않다. 특히 브릴리언트 컷 다이아몬드가 세팅된 오리지닐은 더욱 희박하다. 왕실의 컬렉션을 제외하고는 유명 앤티크 숍조차 로즈 컷 다이아몬드가 세팅된 주얼리가 대부분이다. 그 이유는 소재의 가치를 중시했던 19세기 말, 유행이 바뀔 때마다 고품질의 다이아몬드를 사용한 주얼리는 해체한 후 리세팅되기 일쑤였기 때문이다. 다시 말하면, 로즈 컷 다이아몬드 주얼리만 리세팅의 광풍 속에서 살아남았다는 뜻이기도 하다.

## (빅토리아) 사랑의 로켓: 당신의 머리카락이라도 간직하고 싶소

'사진이나 유품을 담는 여닫는 형태로 된 작은 장식 케이스'를 뜻하는 로켓locket은 보통 펜던트로 쓰여 심장과 가장 가까운 곳에서 깊은 비밀을 간직한다. 그래서 자그마한 문을 여는 순간, 신비로운 이야기가 톡 튀어나올 것만 같다.

정확한 기원을 알 수는 없으나 로켓은 고대에서 악의 기운을 물리치기 위한 약초, 적에게 쓸 독약, 또는 아기의 치아를 담는 용도로 쓰였다고 한다. 중세 시대에는 소중한 물건을 담아 피부 가까이에 지녔고, 개인 위생이 좋지 않던 17세기 중반에는 악취를 막기 위해 향수를 묻힌 솜을 로켓에 넣어두었다는 기록도 있다. 19세기에는 머리카락을 넣은 로켓이 유행했는데 이 유행에는 빅토리아 여왕의 공이 혁혁했다.

초기 빅토리아 시대를
대표하는 하트 모양의 로켓

## 낭만의 시대, 초기 빅토리아

역사상 사랑의 기운이 가장 넘치던 때를 꼽자면 아마도 빅토리아 시대라 할 수 있을 것이다. 빅토리아 여왕이 재위한 64년 동안 영국은 경제적 · 사회적 · 문화적으로 부흥하면서 대영제국의 절정기를 이룩했다. 빅토리아 여왕은 입헌 군주로서 '군림하되 통치하지 않는다'는 원칙을 따랐다. 즉, 국정의 일부를 내놓아 수상과 정치인들이 백성들의 구미에 맞게 일하는 동안 본인은 영리하게 안전과 권위를 누린 것이다. 따라서 빅토리아 여왕이 정치에 끼친 영향은 그리 크지 않았으나, 사실상 중요한 사안의 결정권은 놓지 않았다. 게다가 남편인 알버트 공과 화목한 가정을 이루었다는 이미지를 통해 엄격한 도덕주의를 보여주었다. 또한 여왕은 패션과 주얼리의 유행을 창조할 정도로, 다방면으로 중요한 인물이었다.

여왕이 즉위한 1837년부터 시작된 빅토리아 시대는 시간 순으로 낭만, 애도, 심미의 세 가지 주제로 해석할 수 있다. 낭만주의 감성으로 물들기 시작한 초기(1837~1860)는 알버트 공이 생존했던 시기다. 문학이나 시각 예술, 장식 미술, 음악, 패션, 주얼리에 있어서 낭만적이던 중세와 르네상스 시대를 떠올리게 만드는 때다. 이 시기 여왕의 주얼리에는 젊은 부부의 에너지, 결혼 생활의 행복감, 가족 간의 애정이 반영되어 있다.

여왕은 주얼리를 풍요롭고 자유롭게 즐길 수 있었다. 물려받은 왕실의 보석도 본인 스타일에 맞게 리세팅하여 착용했다. 디자인에서는 자연과 감성적이고 상징적인 모티브를 아울렀다. 그중에서도 담쟁이덩

굴 잎이나 물망초, 팬지, 장미가 품은 꽃말은 애정을 표현하는 낭만적인 주얼리의 암호 역할을 톡톡히 했다.

## 로켓으로 사랑을 전달하다

초기 빅토리아 시대의 로켓은 사랑을 전달하는 것이 주목적이었다. 연인들은 금이나 은, 에나멜 또는 보석이 박힌 사랑스러운 하트 모양의 로켓에 유색보석과 진주, 모노그램을 담아서 교환했다. 로켓 내부에는 서로의 눈을 쳐다본다는 의미로 남자와 여자의 초상화를 마주보게 담았다. 보통은 한두 장의 초상화가 들어갔는데, 여덟 장까지 넣을 수 있는 로켓이 등장하기도 했다. 비치는 소재로 만들어 로켓을 열지 않고도 내용물이 훤히 들여다보이는 형태도 인기를 끌었다. 앞뒤로 돌아가는 모양의 스피너Spinner 로켓도 빅토리아 시대에 흔히 볼 수 있는 스타일이었다.

내부에 작은 쿠션이 달린 향수 로켓은 필리그리filigree 세공법(금을 가는 실 모양이나 알갱이로 만든 후 정교하게 땜질하여 장식효과를 높이는 방법)을 적용해 뚫린 케이스의 틈새를 통해 향이 배어나오는 방식이었다. 보통 로켓의 뒷면에는 '나를 잊지 말아요'라는 꽃말을 지닌 물망초 문양을 장식했다. 약혼한 커플들 사이에서는 머리카락을 담은 로켓이 널리 유행했다. 빅토리아 여왕도 알버트 공의 머리카락이 담긴 하트 모양의 로켓과 알버트 공의 초상화에 사파이어와 다이아몬드를 장식한 브로치를 가장 소중히 여겼다. 로켓과 브로치가 대낮에 착용하는 주얼리로 인기를 끌었다면, 저녁에는 다이아몬드와 유색보석 같은 고급 소재의 주얼리로 차별화를 시켰다.

이 시기에 유행한 또 다른 낭만 주얼리는 보석의 첫 글자를 조합한 스타일이다. 가장 대표적인 것이 루비Ruby, 에메랄드Emerald, 가넷Garnet, 자수정Amethyst, 루비Ruby, 다이아몬드Diamond 순서로 구성된 'REGARD 반지'다. 라피스 라줄리Lapis Lazuli, 오팔Opal, 버메일Vermeil(헤소나이트 가넷의 옛 명칭), 에메랄드Emerald의 조합으로는 LOVE를 만들었다. 가장 사랑하는 이를 뜻하는 'DEAREST 반지'에는 다이아몬드Diamond, 에메랄드Emerald, 자수정Amethyst, 루비Ruby, 에메랄드Emerald, 사파이어Sapphire, 토파즈Topaz가 나란히 세팅되었다.

연인의 눈을 그린 아이 미니어처eye miniature는 조지언 시대에 이어 빅토리아 시대에서도 '연인의 눈Lover's Eye'으로 불리며 지속적으로 인기를 끌었다. 이 연인의 눈은 영국의 왕 조지 4세가 연인이던 과부 마리아 피츠허버트에게 은밀하게 메시지를 보낸 데서 유래했다. 왕실에서 이들의 사랑을 결사반대할 것이 뻔했기 때문에 두 사람은 브로치에 서로의 눈을 그려 비밀리에 교환하는 식으로 다소 엉뚱한 애정행각을 펼쳤다. 이 모티브는 보통 브로치나 펜던트에 쓰였지만 로켓의 겉과 안을 장식하기도 했다.

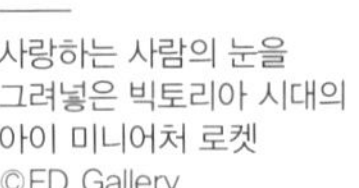

사랑하는 사람의 눈을 그려넣은 빅토리아 시대의 아이 미니어처 로켓
©FD Gallery

## 메멘토 모리, 중기 빅토리아

그러나 사랑의 바이러스를 전파하던 낭만의 시대는 급작스럽게 찾아온 불행한 사건과 함께 막을 내렸다. 빅토리아 여왕의 어머니인 켄트 공작부인과 남편인 알버트 공이 1861년에 연이어 사망했기 때문이다. 이때부터 그랜드 시대Grand Period(1861~1885)가 시작되는데, 영국의 정치적·경제적인 힘이 최고조에 달한 시기이기도 하다. 여왕은 남편의 죽음을 오랫동안 슬퍼하며 소위 '애도 주얼리'를 착용했다. 이 분위기는 전국적으로 확산되었다.

애도 주얼리는 '메멘토 모리memento mori(죽음을 기억하라)'라는 라틴어에서 기원을 찾을 수 있다. 16세기, 인간의 삶은 유한하다는 사실을 상기시키는 도구로 쓰인 메멘토 모리 주얼리는 해골 모티브로 시작하여 점차 다양한 모습으로 진화했다. 앞서 낭만의 시대에서 사랑받은 머리카락 로켓은 그랜드 시대에 망자를 기리는 애도 주얼리로 널리 퍼져나갔다.

빅토리아 여왕이 정한 애도 의식에 따르면 완전한 애도의 기간에는 모든 주얼리와 의복은 검은색이어야만 했고, 소위 '멜랑콜리색'이라 불리는 회색, 연보라, 보라색 등만 제한적으로 사용이 허락되었다. 이런 엄격한 규정 속에 제트, 오닉스, 매목埋木, 진한 적색 가넷, 자수정, 구타페르카, 에보나이트 등이 애도 주얼리의 소재로 쓰였다.

머리카락은 주얼리 뒷면의 작은 칸이나 로켓 앞면에 잘 보이게끔 담았는데, 때로는 눈물을 상징하는 진주를 함께 넣기도 했다. 로켓에 머리카락을 장식하는 방식도 특정 디자인을 따랐다. 바구니를 짠 듯한

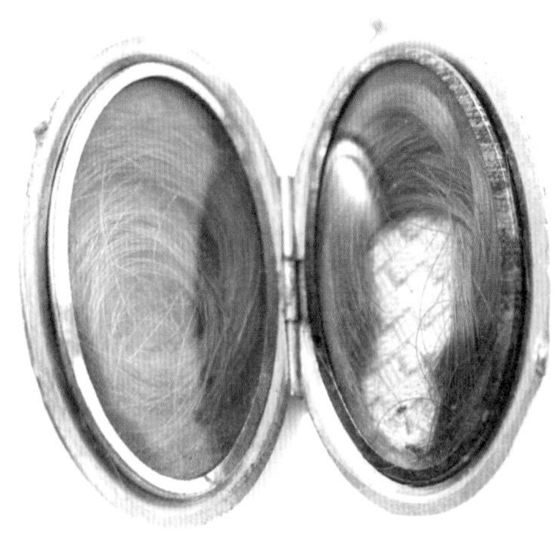

사랑하는 사람의
머리카락이 담긴
빅토리아 시대의 로켓
©laylaholzer.com

빅토리아 시대에
애도의 주얼리로 쓰인 오닉스,
다이아몬드, 실버로 제작한 로켓
c.1880
©A. Brandt & Son

바스켓 위브basket weave, 웨일즈 왕세자를 상징하는 깃털 모양, 애도하는 여성의 모습, 수양버들, 그리고 떠나가는 배가 가장 선호되었다.

크림 반도 전쟁과 인도 폭동에서 다수의 군인들이 전사하면서 일반인들 사이에서도 슬픔에 찬 미망인들의 애도 주얼리가 확산되었다. 심지어 머리카락으로 만든 주얼리를 온몸에 세트로 착용하는 미망인도 등장했다.

## 에스테틱 시대의 도래, 후기 빅토리아

어두침침했던 애도 시대에도 다행히 끝은 있었다. 영국의 탐미주의 운동과 함께 에스테틱 시대(1885~1901)가 시작되면서 과거의 밝은 분위기를 되찾은 것이다. 빅토리아 여왕의 아들 에드워드 왕자와 아내인 알렉산드라 공주가 '트렌드세터'로 등극한 시기이기도 하다.

주얼리는 좀 더 심플하면서 세련되고, 작지만 섬세하고 수수한 형태가 대세로 떠올랐다. 로켓과 브로치의 수요는 여전했지만 크기는 훨씬 작아졌다. 행운의 참charm과 사람의 이름과 날짜를 다이아몬드로 장식한 주얼리가 특별한 날을 기념하는 인기 주얼리로 부상했다.

1880년대에 정점을 찍은 이런 '기념일 주얼리'는 검정색 에나멜 표면에 반구 형태의 진주나 다이아몬드로 십자가나 상징적인 물망초 같은 것이 장식된 형태가 대표적이다. 더불어 하트 모양의 브로치와 반지, 리본으로 둘러싼 하트 한 쌍, 별과 초승달 모티브가 크게 유행했다. 다이아몬드뿐 아니라 사파이어, 페리도트, 스피넬 같은 밝은 유색보석도 큰 사랑을 받았다. 결국 어두운 애도 주얼리는 점차 줄어들게 되어 애도 기간이라도 최소로 착용하거나 아예 생략하는 분위기로 굳혀졌다.

## (청나라) 비취 목걸이:<br>서태후의 비취 사랑

세계적으로 옥을 가장 귀한 보석으로 여기는 민족은 중국인이다. 중국인들의 옥에 대한 애정은 '황금유가 옥무가黃金有價 玉無價(황금은 값을 매길 수 있지만 옥은 그 값을 매길 수 없다)'라고 표현하는 수준이다. 한자 옥玉에서 우측 아래에 찍힌 작은 점 하나만 없애면 왕王이 되니 1만 년에 가까운 그들의 역사 속에서 옥에 대한 애착이 유전자에 새겨진 것은 아닐까 생각될 정도다.

옥은 크게 경옥Jadeite과 연옥Nephrite으로 나뉘는데, 경옥이 보통 우리가 알고 있는 비취翡翠를 뜻한다. 사실 경옥은 중국에서 명대까지 보석이 아니라 그저 하나의 돌로 인식되었다. 그전까지는 연옥이 대부분이었다가 18세기 말 청나라 건륭제가 들어서며 비로소 옥의 일종으로 경옥이 인정받는다. 오늘날 경옥, 즉 비취의 가치는 팔찌 하나에 수백만 위안이나 하는 것이 부지기수고, 목걸이 하나에 수천만 위안에 달하는 것도 수두룩하다.

애초에 비취는 고서에 등장하는 물총새를 뜻하는 단어다. 물총새는 밝고 아름다운 깃털 색상 때문에 장식용으로 쓰여 사냥꾼의 표적이 된 희귀 새다. 비翡는 깃털이 빨간 수컷을, 취翠는 깃털이 청록색인 암컷을 가리킨다. 비취는 녹색 외에도 연보라색, 흑색 등 여러 매력적인 색상으로 아름답고 높은 가치를 나타내는 대명사로 쓰인다. 뿐만 아니라 잘 깨지지 않아 무기로 사용된 적도 있다.

## 서태후의 비취 목걸이 '제국녹비취조주'

얼마 전, 비취 구슬 108개를 꿰어 만든 목걸이 '제국녹비취조주帝國綠翡翠朝珠'가 홍콩의 한 경매회사에 등장해 화제를 모았다. 이는 궁중예복을 입을 때 착용하는 왕실의 목걸이로 밝혀졌는데, 바로 역대 가장 유명

서태후
©Hulton-Deutsch Collection/CORBIS

한 비취 애호가로 알려진 청나라 서태후(1835~1908)의 소유품이다. 서태후는 아들인 동치제가 죽은 후 보위에 오른 광서제에게 이 목걸이를 하사했다. 하지만 아이러니하게도 광서제는 훗날 서태후에게 죽임을 당하게 된다.

중국 청나라의 마지막 실권자 함풍황제(1831~1861)의 후궁이었던 서태후는 아들을 생산하여 태후 칭호를 받았다. 아들 없이 동쪽 궁궐에 기거한 황후 자안 태후는 동태후, 서쪽 궁궐에 기거한 자희 태후는 서태후라 불렸다.

서태후는 아들인 동치제가 여섯 살로 너무 어린 나이에 왕위에 올라 동태후와 함께 수렴청정을 했는데, 결국 동태후를 독살하고 아들을 허수아비로 둔 채 혼자 권력을 휘둘렀다. 동치제가 성장한 후에는 친아들임에도 정치적 경쟁자로 여겨 환락에 빠지도록 유도했다. 결국 동치제는 얼마 못 가 몹쓸 병에 걸려 죽었다. 서태후는 이렇듯 권력을 위해서라면 친자식에게도 악행을 서슴지 않는 희대의 악녀였다.

## 사치의 대명사, 서태후

서태후는 사치를 일삼은 것으로도 유명하다. 하루에 식사를 네 번씩 했고 한 끼에 보통 128가지의 음식을 차리도록 지시했다. 돈으로 환산하면 100만 냥어치였으니 당시 농민들의 1년 식사 값에 맞먹었다. 젊고 아름다운 귀족 여인들은 건강과 젊음에 집착한 서태후에게 바치기 위해 매일 모유를 짰다. 서태후는 피부를 매끄럽게 만들어준다고 알려진 귀한 진주가루를 십여 년간 복용했고, 비취 구슬과 진주를 매단 옷이 3천 상자가 넘었으며, 그 옷을 하루에도 몇 번씩 갈아입었다고 전해진다.

궁궐에서의 사치도 모자라 자신의 무덤까지 초호화판으로 지어 사후를 대비한 것은 물론, 나라의 운명이 달린 청일전쟁 중에는 함대를 만들 돈 은전 3천만 냥을 빼돌려 자신의 처소인 이화원의 복구와 확장에 사용했다. 그 결과 포탄이 다 떨어진 청나라 군대는 1894년 일본군에게 압도적으로 패하고 만다.

## 서태후의 비취 열병

그런 서태후가 귀한 보석을 마다할 리 없었다. 온갖 휘황찬란한 보석 중에서도 비취와 천연 백진주를 가장 좋아했는데, 특히 비취에 대한 사랑은 거의 열병 수준이었다. 식탁이나 식기도 비취로 만든 것이 아니면 쳐다보지 않을 정도였다고 한다. 어떤 의복에든 비취 머리핀, 비취 귀고리, 비취 목걸이 등 비취가 빠지지 않았다. 손톱 끝에는 75밀리미터 길이의 비취 장식을 달았고, 화장 전에는 비취 막대기로 얼굴을 마사지했다.

여러 초상화에 나타난 서태후의 모습을 보면 평상시에도 양 손목에 짙은 녹색의 비취 팔찌를 차고 있음을 알 수 있다. 이 팔찌 세트는 서태후가 후궁이 되었을 때 함풍제에게 받은 선물이라고 한다. 이를 오늘날 가치로 환산하면 7천만 위안(약 122억 원)에 달한다. 당시 청나라 여성들에게 팔찌는 최첨단 패션이었다. 멋쟁이들은 다양한 보석으로 만든 팔찌를 착용했는데, 그중에서도 비취 팔찌는 단연 최고의 부와 지위를 대변했다. 서태후는 비취 팔찌를 평생 손목에 착용하다가 죽을 때 무덤까지 가져갔다.

그런 서태후에게는 당연히 다이아몬드도 비취에 비할 바가 아니었다. 서양 특사가 바친 최상급 다이아몬드의 가치를 알아보지 못하고 눈길도 주지 않은 채 돌려보낸 적도 있다고 한다. 반면, 아주 작더라도 비취를 상납하는 사람에게는 기뻐하며 큰 선물을 안겨 보냈다.

서태후만의 비밀 방에는 온갖 종류의 보물이 보관되어 있었는데, 대부분이 뇌물로 들어온 것이다. 그 가치는 상상을 초월했다고 한다. 헤아릴 수 없을 만큼 많은 보물을 소장하고 있었음에도 비취만큼은 성에

비취 팔찌

최상질의 비취 비드 목걸이
©Christie's

차지 않았던지 최상급의 비취를 얻기 위해 권력을 이용한 것은 물론 엄청난 양의 돈과 인력을 동원했다.

앞서 언급한 108개 비취 구슬로 만들어진 목걸이로 다시 돌아오면, 서태후는 동치제가 죽자 동치제의 사촌동생인 광서제를 왕위에 앉힌다. 그토록 아끼던 비취 목걸이를 선물할 만큼 서태후와 광서제는 한동안 사이가 좋았다. 그런데 훗날 광서제가 서태후의 반대를 무릅쓰고 개혁 운동을 주도한 것이 서태후의 분노를 샀다. 광서제를 황제로 만든 서태후로서는 이런 그의 행동을 배은망덕이라 여겼다. 결국 기회를 노리던 서태후는 광서제를 중남해에 유폐시킨 후 굶겨 죽였다. 광서제가 그 비취 목걸이를 선물한 애첩 진비 또한 우물에 강제로 빠뜨려 죽였다.

## 비취로 인해 수난을 당하다

그렇게 생전 사치의 극을 달린 서태후는 그 '사치'로 인해 사후에 입에 담기도 힘든 수난을 당했다. 서태후의 보석 대부분은 무덤에 같이 매장되었는데, 1928년 전투자금을 마련하려던 군벌 손전영이 전부 도굴한 것이다.

『황제의 무덤을 훔치다』라는 책에 따르면 무덤 속의 서태후는 선명한 야명주를 입에 물고, 머리에는 비취로 만든 아홉 마리 용이 여의주를 물고 있는 구룡희주가 새겨진 봉황 관을 쓰고 있었다고 한다. 그 위로는 연잎 모양의 비취가, 발아래에는 분홍 연꽃 모양의 옥이, 그리고

서태후의 무덤

발 양 옆에는 비취로 정교하게 만든 수박과 참외, 배추 등이 놓여 있었다. 이 외에도 함께 묻힌 진귀한 금은보화의 가치는 상상을 초월하는 수준이었다. 도굴범들은 보석을 꺼내기 위해 대검으로 사체의 입을 찢어 열고, 숨겨진 다른 보석을 찾기 위해 머리카락과 입, 음부에까지 손을 넣고 훑었다고 한다.

형이상학적으로 비취는 영혼이 담긴 보석이라고 알려져 있다. 몸에 착용하면 에너지가 착용자에게 전달되어 건강하게 만들어주고, 착용자에게서 긍정적인 에너지를 전달받으면 비취 역시 색상과 투명도가 향상되는 원리다. 그래서 서태후가 그 '비취'로 인해 청나라의 멸망을 앞당긴데다 사후에도 수난을 피할 수 없었던 사실은 아이러니할 따름이다.

함풍제는 죽기 전에 "아녀자가 정사에 관여하는 일이 없도록 하시오"라는 유언을 남겼다고 한다. 유언대로 동태후가 서태후를 애초에 처단했다면 청나라의 운명은 어떻게 바뀌었을지 자못 궁금해진다.

## (아르누보) 에나멜 브로치: 위대한 예술작품을 탄생시킨 시대

에나멜은 우리가 흔히 귀보석이라 부르는 다이아몬드나 루비, 사파이어 같은 비싼 보석이 세팅되지 않더라도 미묘한 색감만으로 아름다운 효과를 낸다. 클로와조네cloisonné(금속판 위에 가늘고 긴 금속 조각으로 형태를 만든 다음에 에나멜을 다시 채워넣는 방법), 기요쉐guilloché(금속판에 일정한 패턴을 반복해서 조각한 무늬를 먼저 낸 다음 그 위에 에나멜로 덧칠하는 기법), 샹르베champlevé(두꺼운 금속 표면에 음각으로 조각한 후 테두리 안쪽에 에나멜을 극도로 얇고 정교하게 채워넣는 기법) 등 다양한 기법이 있었지만, 19세기 말 프랑스에서는 빛과 색의 영롱한 효과를 내는 플리카주르Plique-à-jour 에나멜이 큰 사랑을 받았다.

'햇빛을 통과시키다'는 뜻의 플리카주르는 철사로 무늬를 잡은 다음 그 틈 사이로 에나멜을 녹여넣는 기법이다. 뒷면을 받치는 판이 없기 때문에 빛이 고스란히 에나멜 사이로 들어와 반짝이는 효과를 낸다. 이 에나멜링 기법은 6세기 비잔틴 시대에 처음 발명되었으나 한동

아르누보 시대의
금과 플리카주르로 제작한 브로치
©Antonio Virardi of Macklowe Gallery

안 사라졌다가 14세기 후반에서 15세기 초 프랑스에 들어왔다. 그리고 완벽하게 부활한 때가 바로 아르누보 시대다.

## 새로운 예술, 아르누보

아르누보는 단어 그대로 풀이하자면 '새로운 예술'이란 뜻이다. 또한 상징적으로 설명하자면 19세기와 20세기의 다리 역할을 한 혁신적이고도 복잡한 디자인 스타일이다. 건축, 인테리어, 가구, 포스터, 유리, 패션, 심지어 책 일러스트레이션까지 광범위하게 나타난 사조로, 19세기 말 팽배했던 예술의 허례허식에 대응하는 혁신적인 움직임을 뜻하기도 한다.

용어 자체는 1894년 벨기에의 건축가이자 디자이너 앙리 반 데 벨데에서 기인한다. 1896년, 그가 실내 장식을 맡은 파리의 아트 딜러 지크프리트 빙(나중에는 사무엘 빙으로 불렸다)의 갤러리 메종 드 아르누보Maison de L'Art Nouveau에서 따온 것이다. 당대 유명했던 아르누보 거장들의 작품은 모두 이곳에서 만날 수 있었다.

사무엘 빙 갤러리는 그렇게 아르누보라는 명칭을 점차 세상에 퍼트렸다. 이후 유럽 전역으로 확산되면서 아르누보는 나라마다 다양한 이름으로 조금씩 다른 모습을 나타냈다. 독일에서는 유겐트 잡지 이름을 따서 유겐트슈틸Jugendstil, 이탈리아에서는 스틸레 리버티Stile Liberty, 오스트리아에서는 제체시온슈틸Sezessionstil, 영국에서는 리버티 스타일Liberty Style, 미국에서는 티파니 스타일Tiffany style로 불렸다.

## 새로운 세기로의 진입을 앞둔 격변기, 아르누보 시대

아르누보 시대가 태동한 배경에는 여러 원인이 복합적으로 작용했다. 19세기 중반 영국에서 시작된 산업혁명은 세상을 완전히 바꿔놓을 태세였다. 사람들은 일자리를 구하러 농촌에서 도시로 이주했고 농업 중심 사회는 어느덧 산업사회로 발 빠르게 이동했다.

빅토르 위고는 1862년 『레미제라블』을 썼고, 클로드 모네와 동료 화가들은 1874년 파리에서 전시를 열어 '인상주의'를 태동시켰다. 〈오페라의 유령〉에 영감을 준 오페라 하우스 '오페라 가르니에'가 지어진 것도 1861년에서 1875년 사이다. 베르디, 바그너, 슈트라우스가 만든 카리스마 넘치는 가극의 인물들도 모두 이 시대에 탄생했다.

정치적으로는 꽤 평화로웠다. 러시아를 제외하면 1871년부터 제1차 세계대전 전까지 유럽에 전쟁이 없었기 때문이다. 따라서 평화가 가져온 향락적 분위기와 함께 세기말적 퇴폐기와 무정부주의 등 새로운 사상들이 공존한 시기였다. 이처럼 아르누보가 탄생한 19세기의 끝자락은 새로운 세기로의 진입을 앞둔 격변기였다. 사람들은 20세기에 대한 흥분과 설렘으로 들떠 있었다.

## 아르누보 정신을 대변한 플리카주르 에나멜링

당시 많은 주얼러들은 영국의 윌리엄 모리스가 주도한, 수공예의 회복을 외치는 '미술 공예 운동Arts & Crafts Movement'에 영향을 받은 상태였다. 남아프리카 공화국의 새로운 광산에서 다량의 다이아몬드가 공급되면서

르네 랄리크의
플리카주르 에나멜 브로치
©flickr.com/photos/sparklig/6129761819/

디자인보다는 보석 자체에 몰입하는 분위기가 그 발단이었다.

미술 공예 운동가들은 보석의 금전적인 가치가 예술성보다 높이 평가되는 데 대한 반발감과, 산업혁명 후 기계로 대량생산된 낮은 품질의 주얼리에 환멸을 느끼고 새로운 시도를 하고 있었다. 그들은 기계의 사용을 거부하고, 공예를 예술품 수준으로 올리자고 주창했다. 중세의 공방처럼 한 사람이 디자인과 제작을 책임지는 방식을 추구한 것이다. 그러나 전문성이 떨어지고 비싸다는 단점을 해결하지 못하고 있었다.

어쨌든 이에 영향을 받은 아르누보 주얼러들은 자연의 유기적인 형태와 유동적인 실루엣을 고품질의 수공예 작품으로 재해석하는 데 몰두하기 시작했다. 그중 가장 특징적인 기법이 바로 앞서 설명한 플리카주르 에나멜링이다.

플리카주르의 자연스러운 반투명을 표현하는 특징은 꽃잎, 곤충의 연약한 날개와 덩굴 등을 은은하고 영롱하게 나타낼 수 있게 했다. 아르누보의 핵심 요소인 흐르는 듯 우아한 곡선과 여성스러움은 에나멜 기법과 완벽한 궁합을 자랑했다. 프랑스의 주얼러 르네 랄리크, 조지 푸케, 앙리 베베르가 이 플리카주르 기법의 선도자들이다.

## 자포니즘의 영향을 받다

자포니즘Japonism 역시 아르누보 주얼러들에게 큰 영향을 주었다. 그 중심에는 1862년 런던 만국박람회와 1867년 파리 만국박람회에 소개된 일본의 우키요에라는 목판화가 있었다. 자포니즘에서 나타난 자연과 디자인 사이의 유대감, 화려하고 밝은 색채, 좌우 비대칭, 평면적 특징, 또 금속을 혼합하는 개념은 새로운 장식 스타일의 탄생으로 이어졌다. 특히 단순하면서 우아한 자연에 대한 해석은 새로운 미학과 돌파구를 찾던 예술가들에게 심오한 영감을 주었다.

자포니즘은 미술 공예 운동과도 교집합이 있었다. 운동의 중심에 있던 장인들은 예술이 자연스럽게 생활의 일부를 차지해야 하며, 일상에 예술이 들어갈 공간을 마련하자고 외쳤다. 아르누보 주얼리에 에나멜 외에도 문스톤, 오팔, 진주, 호박, 가넷, 아게이트 같은 비싸지 않은 준보석을 사용한 이유가 여기에 있다. 이전에는 잘 쓰지 않던 상아, 뿔, 유리, 거북 등껍질도 예술적인 디자인을 위한 단골 소재로 등장했다.

## 르네 랄리크, 루이 컴포트 티파니

'아티스트'라고 불리는 거장급의 주얼리 디자이너들이 대거 나타난 이 시기에 르네 랄리크를 아르누보의 대가로 꼽는 데 주저할 사람은 없다. 랄리크는 초기에는 까르띠에, 베베르, 부쉐론의 주얼리를 디자인하며 프리랜서로 활동했다. 상징주의에 깊은 영향을 받아 파리에 단독 숍을 열면서, 당시 사회에 만연해 있던 물질주의에의 맹목적인 신뢰에서 벗어나 인간 내면의 세계에 눈을 돌렸다. 사물의 보이는 모습을 넘어선 숨겨진 진실을 상징적이고 환상적으로 표현하고자 했다.

랄리크에게는 보석의 크기나 금의 중량보다 디자인의 주제를 세세한 부분까지 얼마나 섬세하게 표현하느냐가 중요했다. 또한 착용자와의 전체적인 조화를 염두에 두었다. 이런 정신을 담을 매개체로 플리카주르 에나멜링을 선호했다. "티파니와 까르띠에는 그저 장사꾼일 뿐이다"라는 말을 남길 정도로 랄리크는 자신의 일에 대해 자신감과 사명감으로 똘똘 뭉친 예술가였다.

랄리크의 상상력을 자극시킨 디자인 영감은 역사적인 양식에서 벗어나 있었다. 식물, 새, 곤충 같은 자연적인 소재와 자포니즘, 낭만적인 동화나 신비스러운 이야기가 주를 이루었다. 랄리크는 자연과 여성(나체)의 모습을 에나멜, 상아, 유리, 뿔, 준보석 등 비교적 비싸지 않은 재료로 섬세하게 표현했다. 당시 여성의 나체는 보수적인 빅토리아나 에드워디안 주얼리에서는 상상할 수도 없는 파격적인 모티브였다. 때로는 서로 다른 재질과 색상, 모티브를 섞어서 극적인 조합을 만들어내기도 했다.

1904년 루이 컴포트 티파니가 디자인한
아르누보 시대를 대표하는 램프.
납을 씌운 '퍼브릴 글래스'와 청동으로 제작되었다.
©Tiffany & Co.

프랑스에 랄리크가 있다면 미국에는 티파니의 창업주 찰스 루이스 티파니의 아들 루이 컴포트 티파니가 있었다. 아르누보가 미국에서 '티파니 스타일'로 알려진 배경 속의 핵심 인물이다. 티파니는 애초에 회화를 공부했지만, 윌리엄 모리스에게 매료되어 1878년 이후 응용 예술에 전념했다.

티파니는 예술적인 면과 디자인에 중점을 둔 자신의 작품들을 '아트 주얼리Art Jewelry'라고 명명했다. 화려한 글라스 램프, 아름다운 스테인드 글라스 창문, 모자이크, 우아한 아름다움을 간직한 무지갯빛 퍼브릴 글라스Favrile glass(루이 컴포트 티파니가 처음 만든 무지개 빛깔 광채유리)와 에나멜 작품으로 유럽의 유리 공예에 큰 영향을 미쳤다. 'LC Tiffany' 또는 'LCT'라고 표시된 퍼브릴 글라스는 명실 공히 미국 아르누보 유리 예술의 상징으로 지금도 수십만 달러에 거래된다.

아르누보 시대의 주얼리는 문화적·사회적 변화를 그대로 반영한 작품으로, 디자인에 위대한 유산을 남겼다. 차가운 기계 문명에 대항하는 자연을 향한 상상력은 관능미와 조화미로 승화되었다. 그러나 흥망성쇠의 이치는 아르누보에도 예외 없이 적용되었으니, 아르누보만의 독창적인 테마와 스타일은 점차 대거 복제되기 시작했다. 결국 품질이 낮은 모조 주얼리가 범람하면서 쇠락하고 말았다. 랄리크는 주얼리에서 유리 공예로 노선을 변경한다.

그러나 100년이 훌쩍 지난 오늘날에도 수집가들의 욕망을 자극하는 아르누보 시대의 플리카주르 에나멜 브로치는 우리에게 그 이상을 말해 주고 있다. 응용 예술의 지위를 순수 예술에 필적하는 수준으로 끌

어울린 아르누보 시대의 주얼러들은 물론, "작업에는 영혼이 담겨야 한다"고 외치던 랄리크를 우리가 영원히 기억해야 할 이유다.

## (에드워디안) 플래티넘 다이아몬드 목걸이: 격조 높은 백색의 시대

화이트 골드는 말 그대로 하얀색을 띠는 금이다. 노란 순금에 다른 백색 금속을 합금해 하얗게 만든 것이기 때문에 우리말로 바꾸면 '백색금'이 된다. 반면 플래티넘은 금과는 근본적으로 종류 자체가 다른 금속이다. 정식 명칭은 '백금'이다. 백금, 즉 플래티넘은 변색이 되지 않는 것은 물론 강도가 높고 복원 성질이 낮아 오래 착용해도 변형이 적다. 또한 적은 양으로도 보석을 지지할 수 있기 때문에 주얼리의 소재로 매우 유용하게 쓰인다. 그러나 산출량이 금의 30분의 1밖에 되지 않고, 융점이 높아 제작 공정이 어렵다는 단점이 있다.

이 까다로운 금속은 놀랍게도 기원전 고대 이집트와 잉카 문명에서도 사용했던 흔적이 있다. 하지만 그 후 2천 년간 인류는 이 금속을 잊고 있었다. 16세기에 들어 다시 등장한 플래티넘은 스페인의 정복자들이 '작은 은'이라 치부하며 가치를 제대로 인정받지 못했다. 18세기에 들어서야 비로소 귀금속으로 분류되었다. 주얼러들은 힘겨운 노력 끝에 마침내 이 플래티넘을 정복했다. 바로 20세기의 탄생과 함께 시작된 에드워디안 시대에서 말이다.

## 패셔니스타 에드워드 7세와 알렉산드라 왕비

'에드워디안'이라는 말은 빅토리아 여왕의 아들 에드워드 7세에서 비롯되었다. 풍요와 평화를 누린 프랑스에서는 이때를 '아름다운 시대'라는 뜻으로 '벨 에포크La Belle Époque'라 불렀다. 영화 〈물랑루즈〉의 배경이자 〈미드나잇 인 파리〉에서 주인공이 사랑에 빠진 여인이 동경하던 시대이기도 하다. 인상주의 화가들의 밝고 선명한 색채와 제1차 세계대전 이전의 평화롭고 낙천적인 에너지가 넘쳤고, 과거와 다르게 풍요로운 삶 속에 예술과 문화가 번창하며 모두가 아름다움에 집중했던 시절이다. 에드워드 7세는 1901년에서 1910년까지 아주 짧은 기간 동안 재위했다.

에드워드 7세는 세계에서 가장 큰 옷장이 있다는 소문이 돌 정도로 탁월한 패션 감각을 보여주었다. 어머니인 빅토리아 여왕이 무려 64년이라는 최장기 동안 재위한 덕분에 가장 오랫동안 '웨일즈 공'의 자리에 있던 인물이기도 하다.

왕위를 물려받았을 때 에드워드 7세와 부인 알렉산드라의 나이는 60세와 56세, 이미 손주를 여러 명 본 할아버지와 할머니였다. 그러나 에드워드 7세의 패션 감각은 나이도 비켜갔다. 그는 젊은 시절부터 옷을 독특하고 늘 새로운 방식으로 입고 다녔다. 스포츠와 레저 마니아로서 평생 스포츠 모티브의 주얼리를 장려했고, 자신의 행운 보석인 페리도트가 유행하는 데도 앞장섰다.

한편, 덴마크 출신의 알렉산드라 왕비는 전형적인 북유럽풍의 서늘한 미모를 가졌다. 왕비가 되기 전부터 다이아몬드와 진주로 된 목에

까르띠에의 대표적인
갈란드 모티브 목걸이
©Cartier

에드워디안 갈란드
모티브 티아라
©Cartier

딱 붙는 소위 말하는 '도그 칼라' 초커를 유행시킨 당대의 패션 아이콘으로도 유명했다. 꽃 애호가인 덕분에 플라워 테마 주얼리가 크게 사랑받을 정도로 왕비의 일거수일투족은 대중에 큰 영향을 미쳤다. 게다가 알버트 공이 사망한 후 은거에 들어간 시어머니 빅토리아 여왕을 대신해 많은 일을 불평 없이 수행한 '성실한 며느리'로도 알려져 있다. 아름다운데다 성격까지 소탈하고 다정다감하니 왕비에 대한 대중들의 반응은 호의적일 수밖에 없었다.

## 에드워디안을 완성시킨 갈란드 스타일

에드워디안 시대는 지속과 변화가 동시에 일어난 시기다. 20세기가 시작되었지만, 19세기 빅토리아 시대의 문화를 모두 벗어난 상태는 아니었기 때문이다. 어둠의 터널에서 나온 후기 빅토리아 시대의 주얼리는 이미 정교하고 세련되게 변하고 있었다. 따라서 초기 에드워디안 시대에서도 여전히 여성스럽고 점잖은 스타일을 추구했다. 진주와 다이아몬드는 절제된 우아함으로 가치를 인정받았고, 주얼러들은 보석의 본질적인 아름다움을 돋보이게 하는 방법을 선호했다. 빅토리아 시대에 갇혀 있던 수많은 제약이 점차 풀리면서 두껍고 무거운 에나멜이나 모자이크 장식의 주얼리는 밝은 흰색 톤으로 변하기 시작했다.

디자인적으로는 18세기 프랑스의 로코코 시대에서 영감을 받은 태슬tassel, 리본, 스크롤 모티브 등으로 구성된 갈란드garland(화환) 양식이 사랑받으며 고상하면서도 경쾌한 에드워디안의 감성을 만들어냈다.

이 시기를 완성시킨 갈란드 스타일은 까르띠에가 주도적으로 디자인했다. 다이아몬드나 유색보석을 중심석으로 두고 주변에 진주나 유색보석으로 부케모양을 만든 클러스터 반지도 에드워디안의 유행을 선도했다.

## 다이아몬드는 최고의 친구

사실 엄밀히 말하면, 에드워디안 시대가 시작되었을 때 유럽을 장악한 예술 사조는 아르누보였다. 한편에서는 윌리엄 모리스가 주도하는 미술 공예 운동이 일어나고 있었다. 그러나 아르누보 예술가들이 디자인에 집중하고, 미술 공예 운동가들이 장인정신에 초점을 맞추고 있을 때, 까르띠에 같은 주얼리 하우스에서는 보석 그 자체에 몰두하는 에드워디안의 감성을 이어나갔다. 여기에는 1866년 남아프리카 공화국에서 대규모의 다이아몬드 광산이 발견되면서 다이아몬드가 풍부해진 배경이 한몫했다. 이 시대의 약혼반지에 금속은 가볍게 하고 다이아몬드가 부각되는 디자인이 많은 이유다.

이렇듯 상류층의 과시욕을 충족시키는 다이아몬드가 스포트라이트를 받으면서 광채를 돋보이게 만드는 새롭고 세련된 다이아몬드 커팅이 등장한 것은 자연스러운 수순이었다. 양끝이 뾰족한 좁은 타원형의 마퀴즈 컷marquise cut과 소위 물방울 모양이라 일컫는 페어 컷pear cut은 우아한 에드워디안 시대를 대표하는 커팅이다. 좁고 긴 사각형의 바게트 컷baguette cut과 작은 삼각 면들로 구성된 물방울 형태의 브리올렛 컷briolette

나이프 에지 밴드의
티파니 세팅 반지.
다이아몬드가 공중에 떠 있는
듯한 착시효과를 준다.
©Tiffany & Co.

에드워디안 시대를 대표하는
'화이트 트리오' 진주, 다이아몬드,
플래티넘으로 제작한 반지
c.1910
©FD Gallery

cut도 인기를 얻기 시작했다.

다이아몬드의 다양한 커팅은 이 시대를 배경으로 한 영화 〈물랑루즈〉에서 니콜 키드먼이 부르는 다이아몬드 예찬가 '스파클링 다이아몬드'의 가사에도 "남자도 늙고 여자도 늙고 결국엔 우리 모두 매력을 잃지. 그러나 사각형이든 물방울 모양이든 다이아몬드는 변하지 않아. 다이아몬드는 여성들의 최고의 친구!"라고 등장한다.

보석의 연마 기술이 발달함과 동시에 보석을 금속에 고정시키는 세팅법 역시 다양하게 개발되었다. 이 시대를 상징하는 세팅이 바로 밀그레인milgraining이다. 다이아몬드를 둘러싼 금속 주변에 수많은 작은 금속 낟알이나 비드를 만들어 다이아몬드가 더욱 크고 빛나게 보이는 효과를 주는 방식이다. 비슷한 맥락으로, 보석이 세팅된 주변 금속을 별 모양으로 파서 착시 효과를 주는 스타 세팅star setting도 함께 인기를 끌었다. 오늘날 티파니의 6프롱 다이아몬드 반지에서 볼 수 있는 '칼날처럼 날카롭게 날이 선' 밴드의 '나이프 에지 세팅knife-edge setting'은 다이아몬드가 공중에 떠 있는 듯한 효과를 만들어냈다. 이렇듯 다이아몬드는 에드워디안 주얼리의 발달에 필수불가결한 핵심 소재였다.

## 플래티넘 없이는 에드워디안도 없다

이제까지 언급한 온갖 세팅을 가능하게 한 배경에는 플래티넘의 공이 크다. 산수소 용접기의 발명으로 까다로운 플래티넘 공정에도 드디어 변화가 생긴 것이다. 비록 디자인에 영감을 준 것은 로코코라는 과거의 역사지만, 플래티넘 세공이라는 최신 기술이 에드워디안 주얼리에 결정적인 필살기를 선사한 셈이다.

플래티넘의 매력을 깨우친 주얼러들은 극도로 얇고 가벼운 제품을 만들어내기 시작했다. 플래티넘은 강도와 밀도가 높기 때문에 소량으로도 보석을 세팅할 수 있어, 섬세하게 손으로 짠 듯한 투조openwork 세공을 가능하게 했다. 주얼러들은 플래티넘 가닥으로 만드는 정교하고 복잡한 누금 세공을 통해 가볍고 섬세한 레이스 룩을 완성했다. 따라서 에드워디안 시대의 플래티넘 주얼리는 여성들의 앙상블, 레이스와 실크로 만든 드레스, 깃털이 달린 모자와 완벽한 궁합을 자랑했다. 에드워디안 시대를 '레이스가 플래티넘과 다이아몬드로 해석된 시기'로 부르는 이유가 바로 여기에 있다.

플래티넘은 금속의 발이 보이지 않게 고정하는 '인비저블 세팅invisible setting'을 만들어내는 데도 큰 공헌을 했다. 이 역시 보석을 지지하는 금속이 보이지 않거나 최소한으로 사용되면, 보석의 광채가 더욱 돋보이는 원리다. 러시아의 주얼러 파베르제도 이 시기 플래티넘의 진가를 한눈에 알아보고 작품에 적극 활용했다. 이렇게 에드워디안 시대는 다이아몬드와 플래티넘으로 격조 높은 '백색의 시대'를 창조해냈다.

제1차 세계대전 직전의 평화로운 시대이자 이름처럼 아름다운 시대는 짧은 기간 동안 주얼리와 패션에 큰 영향을 미쳤다. 디자인은 섬세해졌고 레이스 효과를 주는 정교한 세공과, 플래티넘, 다이아몬드, 진주라는 백색 트리오가 궁합을 이루어 발전했다. 그러나 제1차 세계대전과 함께 상류층의 부의 과시는 종말을 맞게 되었으니, 군수용이 된 플래티넘은 주얼리에서 사라지고 만다. 비록 짧게 스쳐 지나갔지만 우아하고 아름다운 '백색의, 백색에 의한, 백색을 위한' 주얼리는 이 시대가 단연 독보적이다.

## (아르데코~레트로) 칵테일 반지: 독립적인 여성의 상징

'칵테일 반지'라는 달콤쌉싸름한 이름은 여성들이 호사스러운 칵테일 파티에서 잔을 드는 오른손 넷째 손가락에 반지를 착용한 데서 유래했다. 제1차 세계대전에서 승리한 후 뉴욕은 물질적 번영을 바탕으로 소비와 쾌락이 난무했고 재즈가 풍미하여 '재즈 시대'라고 불렸다. 동시에 전쟁과 징병으로 남성 인구가 줄어들어 여성의 사회 참여가 중요해진 시기였다. 여기에는 부유한 엘리트층의 자유연애, 비싼 술과 음식이 가득한 사교 파티, 고급 인테리어와 액세서리의 라이프스타일로 대변되는 '아르데코[Art Deco]' 양식이 그 중심에 있었다.

### 금주의 시대, 과연 무슨 일이 일어났을까?

여성의 패션과 헤어스타일이 바뀌고, 새로운 사고방식이 주얼리에도 영향을 준 이 시기에 중요한 사실 한 가지가 있다. 바로 공식적으로 술의 상업적인 제조, 운송, 판매를 금지하는 금주령이 내려져 있었다는 것이다.

미국에서 1920년에서 1933년까지 13년간 지속된 금주령은 사실상 식민지 시대부터 미국에서 자리 잡은 '금주 운동'이라고 하는 문화적 전통이 직접적인 배경이다. 1815년 뉴욕 주 헥터에서 결성된 금주회 회원들은 증류주를 마시지 않기로 서약했고, 얼마 후 일부 회원은 '절대 금주 서약'을 행했다. 칼뱅과 프로테스탄트의 윤리를 따르는 것처럼 보이길 원한 정치인들은 그렇게 금주 운동 분위기에 편승했고, 1920년부터 금주의 시대가 열리게 된 것이다.

그러나 이 시대의 미국은 수많은 불법과 방탕이 만연했다. 금주법에 반발하는 사람들은 주류 밀매를 하기 위해 으슥한 곳으로 몰려들었다. 몰래 연 술집을 뜻하는 '스피크이지'와 불법 주류를 판매하는 뉴욕 엘리트들의 명소인 '스튜디오 54'가 대표적이다. 저녁 식사 전에 술을 마시는 '칵테일 아워'도 이 시기에 몰래 스피크이지에서 술을 마신 후 저녁 식사를 하러 가던 관습에서 유래된 명칭이다.

## 플래퍼, 재즈, 칵테일

재즈 음악이 넘치고 최신 패션으로 가득 찬 그곳은 사람들에게 끊기 힘든 쾌락을 제공했다. 플래퍼flapper라 불리던 신여성들은 이 은밀한 파티에 최신 유행의 의상과 보석을 두르고 재즈 음악에 맞춰 몸을 흔들었다. 법에 저항하는 것을 '쿨하게' 으스대던 패셔니스타들에게는 크고 화려한 반지가 지위의 표식이자, 법에 저항하는 스테이트먼트 주얼

아르데코 시대의
다이아몬드, 사파이어로
제작한 칵테일 반지
c.1920
ⓒFD Gallery

아르데코 시대의
제이드, 산호, 오닉스로
제작한 칵테일 반지
c.1925
ⓒFD Gallery

아르데코 시대 까르띠에가
이집트 모티브로 제작한 루비, 에메랄드,
사파이어, 에나멜 칵테일 반지
c.1928
ⓒFD Gallery

리로 자리 잡게 되었다. 화려하고 비싼 보석을 사용한 반지는 대화를 시작하는 윤활유 역할을 했기 때문에, 금지된 술잔에 쏠리는 관심을 분산시키려 했다는 해석도 있다.

칵테일 반지는 '오른손 반지'와도 관련이 있다. 전통적으로 약혼반지를 끼는 왼손과 반대의 개념으로, 여성의 해방과 권리 신장을 상징하기 때문이다. 여성의 참정권을 주장하던 운동가들의 등장과도 맥을 같이 한다. 제1차 세계대전 이후 여성들은 커져가는 자아의식과 함께 독립과 권리를 주장하기 시작했다. 마침 사회에서 여성의 평등을 장려하면서 독립과 개성을 드러내는 포인트로 칵테일 반지를 이용했다.

여성들은 전통적으로 남자가 사주는 약혼반지 외에 스스로 고급 반지를 구매함으로써 자신감을 표출했다. 독립적인 여성은 백마 탄 왕자님을 기다릴 필요가 없다는 강한 메시지였다. 반짝이는 오른손으로 불법 칵테일을 입술에 가져감과 동시에 여성의 권리도 높아지기 시작한 셈이니, 금지의 상징이자 자신에게 선물하는 능동성과 주체성이 담긴 성명서였다. 당연히 반지는 착용자의 실제 성격과 개성을 반영해 디자인할 수밖에 없었다.

## 레트로 시대의 칵테일 반지

1933년에 금주령은 해제되었지만 얼마 후 제2차 세계대전이 발발하자 사람들은 암울한 현실을 벗어나 환상과 낭만으로 가득 찬 할리우드 영화에서 도피처를 찾으려 했다. 이렇게 할리우드에서 큰 영향을 받은

레트로 시대 까르띠에의
아쿠아마린과 금으로 제작한
칵테일 반지
ⓒFD Gallery

레트로 시대를 대표하는
반클리프 아펠의 사파이어와
금으로 제작한 칵테일 반지
ⓒFD Gallery

때를 주얼리 사조에서는 '레트로Retro 시대'라고 부른다. 엄밀히 말하면 주얼리에서 '레트로'는 초기 모더니즘이 시작된 1935년부터 1950년대 중반까지를 뜻하는데, 레트로 모던Retro Modern과도 같은 말이다.

레트로 주얼리는 다른 말로 '칵테일 주얼리'라고도 일컫는다. 디자인에 있어서는 보통 거대한 직사각형 모양의 유색보석과 고광택의 핑크, 옐로, 그린 골드를 두툼하게 입체적으로 활용한 스타일로 설명할 수 있다. 주얼러들은 전쟁 때문에 공급이 불가능해진 플래티넘 대신 금과 유색보석으로 패셔너블한 주얼리를 만들어냈다. 마침 1930년대 브라질에서 대규모 유색보석 광산이 개발되면서 시트린, 아쿠아마린, 쿤자이트, 토파즈, 투어멀린, 자수정이 풍부해진 상태였다.

아르데코 시대에는 칵테일 반지를 반짝이는 다이아몬드나 루비 같은 귀보석으로 제작했다면, 레트로 시대에는 비싸지 않은 준보석들로 제작했다. 거대한 직사각의 에메랄드 컷 아쿠아마린, 자수정, 시트린 등을 메인 보석으로 쓰고, 작은 다이아몬드, 루비, 사파이어가 악센트로 들어가는 식이다. 반구형으로 연마된 캐보션 컷cabochon cut(표면을 둥글게 연마한 보석의 형태) 루비와 사파이어도 종종 사용되었다.

결국 칵테일 반지는 1920년대에 탄생했지만 1940년대 이후 레트로 시대에 우아한 사교 모임을 빛내는 장신구로 자리 잡았다. 과거의 음성적인 파티와는 달리, 격식 있는 공식적인 장소에서 주목받는 존재가 되면서 본격적인 인기를 누렸다. '저항의 상징'에서 여성들이 갈망하는 중요한 패션 액세서리로 진화한 것이다. 할리우드 배우들은 아카데미 시상식에 칵테일 반지를 끼고 등장했고, 대중들이 스타에 대해 동경과 열망이 커질수록 칵테일 반지의 인기도 올라갔다.

1950년대에 들어서는 모조보석으로 만든 칵테일 반지도 널리 퍼졌다. 당시 영부인인 매미 아이젠하워가 1953년과 1957년 취임식 파티에 코스튬 주얼리 브랜드인 트리파리의 칵테일 반지를 착용하고 등장하면서 모조 칵테일 반지의 수요도 덩달아 상승했다.

## 21세기의 칵테일 반지는?

한동안 잠잠하던 칵테일 반지는 21세기에 들어서 오른손에 손쉽게 착용할 수 있는 분위기로 바뀌었다. 바로 2003년 DTC Diamond Trading Center(드비어스 그룹 산하의 마케팅과 판매를 담당하고 있는 자회사)에서 만든 '오른손을 드세요 Raise Your Right Hand' 광고 캠페인 덕이다. "당신의 왼손은 '우리'를, 당신의 오른손은 '나'를 말합니다. 당신의 왼손은 요람을 흔들고, 당신의 오른손은 세계를 흔들죠"라는 캠페인 이후 비예물 반지의 매출이 15퍼센트 상승했고, 다이아몬드 반지는 언약뿐 아니라 패션과도 연계되기 시작했다.

게다가 21세기의 패션 바이블인 〈섹스 앤 더 시티〉 주인공들이 유행시킨 것은 '마놀로 블라닉'이나 '지미 추' 구두만이 아니었다. 극중 사만다가 크리스티 경매에서 끈질기게 사투를 벌인 끝에 손에 넣은 거대한 꽃 모양 반지가 현대의 대표적인 칵테일 반지다. 칵테일 반지는 이렇게 밀레니엄과 함께 나이나 지위, 상황을 불문하고 개성을 뽐내는 '스테이트먼트 주얼리'로 거듭났다.

따라서 오늘날 칵테일 반지는 남자가 선물해주기를 기다리지 않고 자신에게 주는 선물이자 패션 감각을 과시하기 위한 도구로 애용되고 있다. 청바지든 이브닝드레스든 방점을 찍어주는 마법 같은 아이템으로 말이다. 그래서 화려하고, 과장되고, 호화로우며, 흥미로울수록 칵테일 반지는 제 사명을 다하는 것으로 본다. 레트로 시대처럼 모조보석도 자주 사용하고, 천연보석 중에는 색상이 선명하고 밝은 준보석이 단골로 쓰인다. 금주의 시대처럼 주목을 끌고 싶은 여성의 심리를 충족시키기 위해 최소 3캐럿이 넘거나 여러 개의 작은 유색보석과 금속을 조합해 볼륨을 만드는 것이 관건이다. 이제 열 손가락을 반지로 치장하는 유행까지 합세했으니 오른손 반지라는 별칭에 얽매일 필요가 없다.

이렇듯 은밀하고 짜릿한 금주 시대의 비밀 아지트를 장악한 칵테일 반지는, 우아한 사교 파티의 필수품을 거쳐 오늘날 여성의 스타일과 스테이트먼트를 표현하는 도구로 자리 잡았다.

## (1950년대) 제2차 세계대전과 참: 내가 만들어가는 나만의 작은 역사

수천 년 전부터 존재한 참은 고대 이집트, 로마 등 많은 국가에서 악령을 쫓고 행운을 가져다주는 용도로 쓰였다. 팔찌에 최초로 참을 달아서 착용한 사람들은 고대 이집트인으로 알려져 있다. 당시 인간의 수명은 30~35년밖에 되지 않았기 때문에, 그들은 사후 세계가 풍요롭기를 기원했다. 죽은 후에 참이 신이 사자를 올바로 인도하는 표식이 되기를 바랐다. 특히 풍뎅이 참을 부활의 상징으로 여겼다. 참은 이렇듯 애초에는 악운을 쫓고 삶을 윤택하게 만들며 사후 세계까지 지배하는 주술적인 목적으로 시작했다.

한편, 보호나 행운이라는 전통적인 개념에서 벗어나 본격적으로 개인적인 의미가 참에 담기기 시작한 것은 19세기 빅토리아 시대부터다. 빅토리아 여왕은 통치 기간 내내 팔찌나 목걸이에 참을 달아서 감성을 드러내는 도구로 사용했다. 알버트 공이 사망한 후에는 '애도'의 참까지 유행시켰다. 현대적인 의미의 참 팔찌가 최고의 전성기를 맞은 시점은 1950년대다.

## 제2차 세계대전 후의 참 열풍

제2차 세계대전이 끝난 후, 군인들은 도그 태그dog tag(인식표 모양의 펜던트나 참)를 착용하며 전우를 추억했고, 자신들이 해방시킨 도시의 참을 보며 승리의 기쁨을 다시 한 번 누렸다. 즉, 전쟁을 기념하는 의미로 참을 애용하기 시작한 것이다. 또한 그들은 고향으로 돌아갈 때 가족이나 연인에게 줄 기념 선물로 부피가 작은 참을 선호했다. 그렇게 참은 전쟁과 함께 감성을 자극하는 개인적인 추억의 도구로 폭발적인 인기를 끌었다.

유럽과 미국의 주얼러들은 이 트렌드를 간파하여 각종 상황에서 쓸

20세기 중반에 제작된
골드 참 브레이슬릿
ⓒFD Gallery

수 있는 다양한 스털링 실버 참을 내놓았는데, 군인이나 맹수, 애완동물, 배, 스포츠 선수 모티브가 최고의 인기를 누렸다. 동네의 작은 보석상에서는 복제품을 찍어내기 시작했고, 아이들용 과자나 시리얼 안에까지 작은 아크릴 참이 부록으로 담겨 있었다. 참을 수집하고 소중히 간직하는 분위기는 성인에서 어린아이들까지 널리 확산되었다.

여성들은 16세 생일, 18세 생일, 졸업, 결혼, 여행, 출산 때마다 참이 달린 팔찌로 축하를 받았다. 특히 별자리나 탄생석, 또는 취미를 상징하는 참의 수요가 증가했다. 말을 좋아하는 여성이라면 말 모양이나 말안장 모양의 참을 다는 식이었다. 참은 그들의 기념일과 함께 하나씩 늘어갔다.

상류층에서는 소녀들의 13세 생일에 스타터starter 팔찌를 선물해주는 풍습이 생겼다. 마침 참을 달 수 있는 링크 팔찌link bracelet가 대유행하던 시기였으니, 10대가 되기도 전에 체인팔찌를 선물받기도 했다. 이후 때마다 금이나 스털링 실버 참을 하나씩 선물하면서 중요한 날을 기념하고 축하했다. 따라서 소녀들에게 참 팔찌란 어린 시절부터 평생을 수집하는 대상으로 인식되었다.

## 자신을 위한 선물, 참

여성들은 꼭 선물이 아니더라도 특별한 이벤트가 있을 때마다 자신을 위해 참을 구매하기도 했다. 참 팔찌의 조합도 매일매일의 기분이나 생각을 투영해 다양하게 연출했다. 해외여행이 자유화되면서 가족과

제2차 세계대전 후 유행한
실버 참 브레이슬릿
ⓒHelpers House of Couture,
San Francisco.

부인에게 기념품으로 참을 사다주는 남성도 늘었다. 훗날 추억을 상기시키는 매개체가 된 참의 존재감은 더욱 더 커져갔다. 어느덧 참 팔찌는 자연스럽게 다음 세대에 가보로 물려주는 전통으로 자리매김하게 되었다.

유명인이나 정치인의 부인들이 참 팔찌를 착용한 모습을 자주 볼 수 있다. 아이젠하워의 아내인 매미 여사와 재클린 케네디 오나시스, 엘리자베스 테일러가 특히 방대한 참 팔찌 컬렉션을 자랑했다. TV 시리즈 〈왈가닥 루시〉의 주인공 루실 볼은 가수인 남편 데시 아나즈가 선물한 뮤지컬 테마 참 팔찌를 즐겨 착용한 것으로 유명했다. 심프슨 부인은 에드워드 8세와의 결혼식에서 착용했던 9개의 귀보석으로 만든 참이 달린 까르띠에 팔찌를 사람들 앞에 자주 선보였다.

이런 참의 열풍 속에서 스털링 실버 에나멜 하트 참으로 유명한 월터 람플이 참 전문 브랜드로 마니아층을 양산했다. 1950년대 람플의 참은 오늘날 수집가들이 가장 소장하고 싶어 하는 품목 중 하나로, 작은 참 하나의 가격이 몇 백 달러에 육박한다. 전반적으로 1950년대의 참은 주요 경매에서 높은 가격대를 형성하고 있다.

한편, 1960년대에 들어 여성 운동으로 여성들이 자유와 직업을 추구하면서 참 팔찌는 구시대적인 발상으로 간주되기 시작했다. 게다가 여성스럽게 달랑거리는 모양은 1960년대에 팽배한 히피 문화나 나팔바지와는 전혀 어울리지 않았다. 1970년대에도 디스코 패션과 볼드한 골드 주얼리가 유행하면서 참은 유명 보석상보다는 앤티크 숍이나 벼룩시장에서 발견되는 품목이 되어버렸다. 1980년대 중반에 다시 등장

21세기에도 변함없는 인기를
구가하는 참 브레이슬릿
ⓒ더쇼케이스랩

유러피언 비즈 스타일의
참 브레이슬릿
ⓒTrollBeads

한 참 역시 과거 1950년대의 빈티지 제품이었다. 보석함 속 오래된 주얼리에 흥미를 잃은 사람들이 물려받은 참 팔찌를 대거 현금화시키기 시작한 것이다. 수집가들로서는 좋은 가격에 빈티지 참을 손에 넣을 수 있는 절호의 기회였다.

## 21세기의 참

한동안 잠잠하던 참은 2000년대 들어 유러피언 비즈 스타일 참으로 또 한 번 세계적인 유행을 몰고 왔다. 부활절 참, 할로윈 참, 크리스마스 참 같은 특정일 참을 구매하는 인구가 증가하면서 유럽과 북미 시장에서 큰 인기를 끈 것이다. 이 외에도 각종 심벌 참 또한 다양한 주얼리 컬렉션에서 만날 수 있다. 십자가나 이블 아이evil eye 모양의 참이 대표적이다. 이블 아이는 전설 속에 깃들여 있던 강한 공포감이 완화되어 '행운의 부적'이라는 은유적인 표현 정도로 받아들이는 모습이다.

개인의 역사를 품고 있는 참 팔찌만큼 오롯이 나를 표현하는 주얼리도 흔치 않다. 착용 이유, 소재, 디자인은 변했을지라도 참을 수집한다는 콘셉트 자체는 결코 대체될 수 없는 가치를 지닌다. 열쇠와 자물쇠 참으로 사랑의 순간을 추억하고, 파일럿이나 관제탑보다 십자가나 이블 아이 참에 의지하는 사람들도 있다. 또 네잎 클로버 참으로 마법 같은 시간을 기원하기도 한다. 행복과 꿈을 향한 매개체로 쓰일 때 참은 이토록 은밀하고 신비로운 존재가 된다.

*C h a p t e r*

# 3

# 영화 속
# 보석 이야기

*Jewelry Story*

## 〈도둑들〉:
## 옐로 다이아몬드 도난 사건

영화 〈도둑들〉은 10인의 도둑과 1개의 값비싼 다이아몬드가 등장하는 전형적인 케이퍼 필름(강도, 강탈 범죄를 다룬 영화)이다. 한국의 5인조 도둑인 '뽀빠이', '씹던 껌', '애니콜', '잠파노', '펩시'는 마카오 카지노에 숨겨진 2천만 달러의 옐로 다이아몬드 '태양의 눈물'을 훔치기로 결심한다. 이를 위해 과거 동지였던 마카오 박과 중국의 4인조 도둑과도 손을 잡는다.

감독은 익살스럽고 때로는 슬픈 장면을 통해 도둑 한 명 한 명에 얽힌 사연과 다이아몬드를 훔쳐야 하는 당위성을 결부시킨다. 그러나 10인의 도둑과 1개의 다이아몬드라는 불균형적 장치 속에서 저마다 독식의 꿈을 꾸는 도둑들은, 욕망의 차원을 넘어 탐욕에 이르는 혼탁한 드라마를 겪는다. 영화가 클라이맥스를 향해 가는 동안 화면 속에는 다이아몬드를 차지하기 위한 사기와 기만이 난무한다. 결국 다이아몬드는 모두를 위험으로 이끄는 지름길이자 인간의 내재된 악한 욕구를 끄집어내는 도구로 쓰인다.

이 영화는 욕망이란 꿈꿀 때는 황홀하지만 채워지는 순간 천박해짐을 일깨워주고 있다. '태양의 눈물' 뒤에 숨겨진 각자의 욕망들, 그리고 훔치는 전문가들, 그들 중 누군가는 한방을 꿈꾸고, 누군가는 복수를 꿈꾸며, 누군가는 전설을 꿈꾼다. 잘못된 방법으로 소유했다면 도둑질하는 것도 옳다는 삐딱한 합리화도 했다. 그러나 각자의 사연은 그럴싸하지만 욕망에 눈이 멀어 중요한 가치를 잃어버리게 된다는 결말이다.

노란색은 금과 돈을 상징하는 풍요로운 색이면서, 본능적으로 욕망, 충족, 비호를 무한히 요구하는 의존과 구애의 색이다. 예로부터 권력, 부, 권위는 모두 욕망에서 시작되었고 황금이라는 노란색의 결과물이 주어졌다. 이런 맥락에서 〈도둑들〉 속의 옐로 다이아몬드는 꽤 탁월한 선택이었다.

## 현실 속의 옐로 다이아몬드

영화 속 다이아몬드와 같은 이름의 '태양의 눈물The Sun-Drop'이라는 110.3캐럿짜리 옐로 다이아몬드가 실제로 존재한다. 2011년 11월, 소더비 제네바 경매에 처음으로 나와 열띤 경합 속에 1억 240만 달러(약 140억 원)에 낙찰되었다. 팬시 비비드fancy vivid 옐로 컬러(옐로 다이아몬드로서는 최고의 색상으로 가장 희귀하고 가치가 높다)의 이 '태양의 눈물'은 2010년 남아프리카에서 원석 상태로 발견된 후, 뉴욕에서 연마된 투명도가 VVS1인 최상급의 다이아몬드다. 게다가 영화 속 다이아몬드와 같은 청아하고 미려한 물방울 형태로 다듬어져 있고, 크기는 무려 여성의 엄지손가락만 하다.

The Sun Drop 다이아몬드
©Sotheby's

티파니의 옐로 다이아몬드

옐로 다이아몬드는 생성 과정에서 소량의 질소가 들어가 만들어진다. 보통 다이아몬드 1만 개 중 한 개꼴로 나오는 것으로 알려져 있지만 100캐럿이 넘는 것은 극히 찾아보기 힘들다. 더욱이 이 '태양의 눈물'은 수백만 년 동안 땅속에 묻혀 사람의 손길이 닿지 않았다는 이유만으로도 수집가들의 지갑을 열게 만들었다. 사전 소유자가 없는 '처녀품'이라 수집가들이 더욱 갈망했던 것이다.

좀 더 널리 알려진 옐로 다이아몬드로는 티파니의 '더 티파니 옐로 The Tiffany Yellow'가 있다. 128.54캐럿의 앤티크 쿠션 브릴리언트 컷으로 영화 〈티파니에서 아침을〉 포스터에서 오드리 햅번이 착용한 '리본 로제트' 목걸이로 유명해졌다. 1995년 브로치 '바위 위의 새'로 디자인되었다가, 2012년에는 티파니 창립 175주년을 기념하여 다시 기품 있고 우아한 목걸이로 리세팅되었다.

이 다이아몬드는 이제까지 단 두 명의 여인이 착용한 것으로 알려져 있다. 셸던 화이트하우스의 부인과 오드리 햅번이 그 주인공이다. 셸던 화이트하우스의 부인은 1957년 티파니의 파티에서, 오드리 햅번은 1961년 영화 〈티파니에서 아침을〉 포스터 촬영에서 착용했는데, 이 다이아몬드의 뮤즈라고 할 정도로 강한 인상을 남겼다.

처음 남아프리카의 킴벌리 광산에서 발견되었을 때 이 원석의 중량은 무려 287.42캐럿이었다. 이후 티파니의 수석 보석학자인 조지 프레드릭 쿤츠가

그라프의
옐로 다이아몬드
©Graff

1년간 연구한 끝에 가장 아름다운 컬러와 광채를 살릴 수 있는 현재의 128.54캐럿 쿠션 컷으로 연마했다. 디자인은 지금까지 총 네 번 바뀐 셈인데 '리본 로제트'와 '바위 위의 새'는 티파니를 대표하는 주얼리 아티스트 장 슐럼버제의 작품이다.

## 저주의 옐로 다이아몬드

역사적으로 유명한 옐로 다이아몬드를 꼽을 때면 소장했던 왕실마다 모두 비참한 결말을 안겨준 저주의 다이아몬드 '피렌체 다이아몬드 Florentine Diamond'를 빼놓을 수 없다. 얽힌 스토리를 알면 더 오싹해지는 이 다이아몬드는, 137.27캐럿의 거대한 크기에 연노랑 바탕에 녹색 오버톤을 띠고 있다. 쿼츠의 일종인 시트린의 색과 비슷하다는 기록도 있는데, 모양은 불규칙한 9각형인 더블 로즈 컷으로 연마되었다.

이 다이아몬드에 관한 초기의 역사는 여러 버전으로 갈린다. 그러나 1657년 이탈리아 피렌체의 명가 메디치 가문의 소유였다가 1743년 오스트리아의 황후 테레지아의 손에 들어간 것만은 확실하다. 테레지아 황후의 딸 마리 앙투아네트가 이 다이아몬드를 프랑스에 혼수품으로 가져간 것이 비운의 시작이었다(호프, 상시, 리젠트, 피렌체 다이아몬드는 마리 앙투아네트가 소유했던 '4대 저주 다이아몬드'다).

프랑스 대혁명으로 마리 앙투아네트가 단두대의 이슬로 사라진 뒤 다이아몬드는 나폴레옹의 부인 마리 루이즈의 손에 넘어갔고, 러시아와의 전투에서 패망한 나폴레옹은 세인트헬레나 섬에서 죽는다. 그 후 다이아몬드는 오스트리아 황후 엘리자베스(시씨)의 목걸이에 장식되었으나 황후 역시 피살되고 만다.

그런데 무엇보다 소름 끼치는 것은 오스트리아-헝가리 제국이 멸망한 이후로 지금까지 이 다이아몬드의 행방이 묘연한 상태라는 점이다. 이를 두고 오늘날까지 여러 설이 난무하고 있다. 그중 히틀러가 훔쳐갔다는 설과 제2차 세계대전 후에 승리한 미군이 다이아몬드를 찾아서 오스트리아에 되돌려줬다는 설이 있었는데 둘 다 모두 사실 무근으로 밝혀졌다. 그나마 왕실의 누군가 훔쳐서 남미로 가져간 뒤 재연마해서 팔았을 것이라는 의견이 우세한 상태다.

1923년 '샤 오브 페르시아Shah of Persia'라는 옐로 다이아몬드가 미국 시장에 나왔을 때 사람들은 그 보석이 피렌체 다이아몬드라고 믿었다. 피렌체 다이아몬드와 매우 비슷한 색을 띠고 있었으니 누군가가 88.7캐럿으로 다시 연마한 것이라고 의심할 법도 했다. 그러나 정밀 조사 결과 전혀 다른 다이아몬드임이 밝혀졌다.

그리고 60여 년이 지난 1981년, 수상한 옐로 다이아몬드 하나가 스위스 제네바에 등장했다. 이번 보석에는 확실히 재연마한 흔적이 있었기에, 사람들은 또 다시 피렌체 다이아몬드의 일부일 것이라고 의심했다. 그러나 조사 결과 여전히 피렌체 다이아몬드라는 증거는 불충분했다. 이렇듯 소유 왕가를 모두 몰락시켜 '다이아몬드계의 혁명가'라는 별명이 붙은 이 보석의 행방은 아직까지도 미스터리로 남아 있다.

## 〈색, 계〉:
## 핑크 다이아몬드에 담긴 남자의 진심

2007년 개봉 당시 파격적인 정사장면으로 논란이 되었던 영화 〈색, 계〉. 인간의 본능적 욕구이자 맹렬한 감정에 지배되는 색[色], 그것에 대한 경계이자 이성적 통제로 다스려지는 계[戒], 색이 계를 허문 대가는 결국 파멸이었으니 가혹한 시대를 산 그들의 운명이 만들어낸 비극은 칼날보다 잔인했다. 영화 속에서 적나라한 애정신보다 더욱 긴장이 고조된 장면은 이 대장(양조위)이 왕치아즈(탕웨이)에게 핑크색 다이아몬드 반지를 선물하는 순간이었다.

영화 〈색, 계〉의 핵심 소재로 쓰인 까르띠에의 핑크 다이아몬드 반지
©Focus Features

왕치아즈는 제대로 사랑을 해본 적이 없는 여자다. 아니 함부로 사랑에 빠질 수 없게끔 내면의 어떤 압박감이 왕치아즈를 지배했다. 어머니를 일찍 여읜 후 재혼한 아버지는 왕치아즈를 두고 떠났고, 오로지 연극만이 고독을 달래주었다. 그래서 왕치아즈는 모든 것이 답답해 보일 정도로 조심스럽고 신중한 인물로 묘사된다. 반면, 항상 살해의 위험 속에 살고 있는 이 대장은 이 세상의 모든 사람과 사물을 경계한다. 두 사람은 그래서 서로에게 다가가지 못했다. 쓸쓸한 기운이 흐르는 일제강점기 상하이에서의 이야기다.

영화의 핵심인 핑크 다이아몬드 반지 장면은 세상에서 가장 경계심이 강한 남자와 끝없이 예민한 여자의 교감이 절정에 다다르고, 삼엄했던 남자의 경비 장치가 스르르 풀려버리는 순간이다.

이 대장은 단지 "난 보석 따위엔 관심 없소. 다만 그걸 낀 당신의 손이 보고 싶소"라고 말할 뿐이었다.

더구나 누가 훔쳐갈까 두렵다며 반지를 빼려는 왕치아즈에게 자신이 지켜주겠다며 쐐기를 박는 이 대장. '계'를 확실히 무너뜨리기 위한 장치로 다이아몬드는 적절했다. 결국 사랑과 책임 사이에서 사랑을 선택하고 이 대장을 구출시킨 왕치아즈는 자결하기 위해 준비한 독약을 들고 고민한다. 이 장면에서 반지와 독약이 화면에 같이 잡혀 긴장감을 고조시킨다. 고뇌와 번민의 순간 감독은 금기가 어떻게 깨어지는지 섬세하게 보여주고 있다.

그라프의 핑크 다이아몬드
©Sotheby's

## 6.1캐럿의 핑크 다이아몬드

이 영화의 중요한 상징이 된 6.1캐럿 핑크 다이아몬드 반지는 이안 감독이 까르띠에에 특별히 주문한 것이다. 복잡다단한 두 사람의 감정을 모조보석 따위로 그려낼 생각은 감독에게는 애초에 없었던 것이다. 까르띠에는 일제가 점령했던 1930년대 상하이를 상징할 수 있도록 커다란 핑크 다이아몬드 주변을 두 줄의 다이아몬드로 둘러싼, 소위 말하는 '식민지 양식'의 반지를 완성했다.

여기서 발견한 한 가지 흥미로운 사실은 중국어로 제목 '색, 계'와 '유색 반지'는 동음이의어라고 한다. 애초에 무색 다이아몬드가 있을 자리가 아니었던 것이니, 감독의 세밀함을 또 한 번 확인할 수 있다.

## 고갈되어가는 핑크 다이아몬드

핑크 다이아몬드는 100만 캐럿 중 1캐럿 정도가 산출되는 아주 귀한 존재다. 화이트, 블랙, 브라운, 옐로 다이아몬드에 비해 생산량이 극히 적고 가용할 수 있는 수량은 점점 감소하는 상황이다.

지난 20년간 핑크 다이아몬드의 가장 큰 공급원은 호주의 아가일 광산이었다. 그러나 이곳에서 생산되는 핑크 다이아몬드는 연간 공개량이 매우 적다. 그 소량마저도 고갈되는 중인데다 광산을 소유하고 있는 리오 틴토가 2019년에 아가일 광산을 폐광시킨다고 밝혀 가격은 하늘 높은 줄 모르고 솟구치고 있다.

호주 외에도 진한 핑크색은 브라질에서, 밝은 핑크는 남아프리카 공화국에서, 자줏빛은 시베리아에서 소량 발견된다. 인도네시아에서도 극소량의 핑크 다이아몬드가 생산된다. 설상가상으로 브라질에서 경영상의 문제로 핑크 다이아몬드의 생산이 중단되면서 극히 적은 수량만이 시장에 나오고 있다. 이렇듯 공급원이 점점 불안정해지는 상황이니 가격은 상승할 수밖에 없다.

보통 다이아몬드의 컬러는 다이아몬드가 형성될 때 소량의 불순물이 들어가 생성된다. 옐로는 질소, 블루는 붕소가 결정짓는 식인데, 그린 다이아몬드처럼 천연 방사선 작용으로도 색이 만들어지기도 한다. 그러나 전 세계 핑크 다이아몬드의 90퍼센트를 생산하는 호주의 아가일 광산의 핑크 다이아몬드에서는 이와 비슷한 어떤 불순물도 발견되지 않았다. 그래서 핑크 다이아몬드에 대해서는 의견이 분분하다. 일부 학자들이 지진의 충격 등으로 원자 구조가 변형되는 소성변형plastic deformation 때문에 생성되었을 거라고 추측할 뿐이다. 그만큼 핑크 다이아몬드는 탄생 자체부터 여타 다이아몬드와는 다른 신비로운 이야기를 품고 있다. 아름다움과 희소성에 이런 신비스러운 상상력까지 더하니 특상급은 1캐럿짜리가 100만 달러(약 11억 원)에 육박하기도 하고 매해 평균 20퍼센트씩 가격이 뛰고 있다.

## '오버코트'에서 '핑크 다이아몬드'로 바뀐 사연

그렇다면 실존 인물이라고 알려진 두 사람의 교감을 이끌어낸 핑크 다이아몬드는 실제 존재했을까? 과연 1930년대 상하이에서 6캐럿짜리 핑크 다이아몬드가 말이 되는 설정이었을까?

원작인 장애령의 동명 소설에서 왕치아즈는 미녀 정보원이자 사교계의 꽃으로 불린 정핑루다. 정핑루는 실제로 1937년 중일전쟁 발발 이후 상하이에서 일본 정보기관 핵심 책임자인 딩모춘의 비서로 지내면서 국민당의 스파이 노릇을 했다. 소설에서 정핑루는 딩모춘에게 크리스마스 선물로 당시 유행하던 '오버코트'를 사달라고 졸라 상하이 제스필드로 동쪽 시베리아 잡화공사로 간다. 바로 이 오버코트가 이안 감독의 영화에서는 핑크 다이아몬드로 바뀐 것이다.

영화에서는 남자가 자발적으로 준비한 선물이라는 점도 원작과는 다르다. 시대적 배경을 떠나 이안 감독이 생각하는 두 사람의 관계 속에서 계를 깨뜨리는 장치에 쓰기에는 오버코트는 어림도 없었을 것이

영화 〈색, 계〉의 한 장면
©Focus Features

다. 오로지 가장 단단한 물질이면서 동시에 가장 여린 사랑을 상징하는 다이아몬드여야만 했을 것이다. 정핑루가 딩모춘에게 정체가 발각되어 총살을 당한 것은 사실이지만, 그들이 실제로 '경계'를 풀고 열정적인 사랑을 나누었는지에 대해서는 알려진 바가 없다. 원작 소설에서는 정사신도 없다. 결국 실존 인물들 위에 덧입힌 감독의 상상력이 관객들을 그토록 몰입하게 만든 것이다.

"그는 당신을 아주 특별한 분이라고 했습니다."

보석상이 전하는 이 대사, 그리고 이 대장이 왕치아즈를 진심으로 사랑하고 있음을 깨닫게 되는 매개체로서의 핑크 다이아몬드 반지는, 비극의 원천이었지만 이를 통해 마음을 울리는 떨림을 경험하게 한다. 왕치아즈는 핑크 다이아몬드 반지를 선물받을 정도로 거짓 사랑을 완벽하게 연기했지만, 반지를 받은 후 이 대장을 위험에서 구출했으니 결국 진실된 사랑을 보여준 것이다.

## 〈진주 귀고리를 한 소녀〉: 영롱한 진줏빛에 숨겨진 이야기

파리의 루브르 박물관에 가면 세계에서 가장 오래된 진주 주얼리를 볼 수 있다. 바로 기원전 520년에 사망한 페르시아 공주의 무덤에서 발견된 '수사 목걸이Susa Necklace'다. 고대 페르시아에서 진주는 달이 지닌 마력을 상징했기에 아무나 소유할 수 없었다. 고대 로마에서도 오직 귀

요하네스 베르메르,
〈진주 귀고리를 한 소녀〉,
마우리츠하이스 왕립미술관
c.1665

족층만 진주를 착용할 수 있었고, 13~14세기만 해도 유럽에서 진주는 특수 계층에서 향유하기에도 모자랐다. 보석을 연마하는 기술이 발달하기 전이니 그런 과정 자체가 필요 없던 천연진주의 가치를 여러 번 말해 무엇 하겠는가.

진주는 이렇게 오랫동안 소수층의 전유물로 권위와 순수, 여성스러움을 상징해왔다. 그런데 그런 고귀한 진주가 1600년대 네덜란드 여염집 하녀의 귀에 걸려 있다면 어떨까? 그것도 아주 커다란 크기의 물방울 모양 진주가 말이다. 이 수상한 진주는 요하네스 베르메르의 〈진주 귀고리를 한 소녀〉라는 그림 속에 있다. '네덜란드의 모나리자', '북구의 모나리자'라 칭송되는 바로 이 그림은 당시 유행하던 풍속화와는 달리 빨려 들어갈 듯한 눈빛과 야릇한 표정을 짓는 소녀의 얼굴이 인상적인 작품이다. 특히 이 그림은 귀에 걸려 있는 큼지막한 진주 귀고리 덕분에 소설과 영화로 거듭날 수 있었다.

## 소설로 탄생한 〈진주 귀고리를 한 소녀〉

트레이시 슈발리에는 상상력을 발휘해 이 귀고리의 미스터리를 동명의 소설(1999)로 탄생시켰다. 슈발리에는 허름한 차림새의 소녀가 당대 상류층이 아니면 가질 수 없었던 진주 귀고리를 하고 있는 데 의문을 품었다. 그리고 그 소설은 2003년 콜린 퍼스와 스칼렛 요한슨 주연의 할리우드 영화로 재현되어 멜로 미술 영화이자 색과 빛의 영화로 널리 알려졌다.

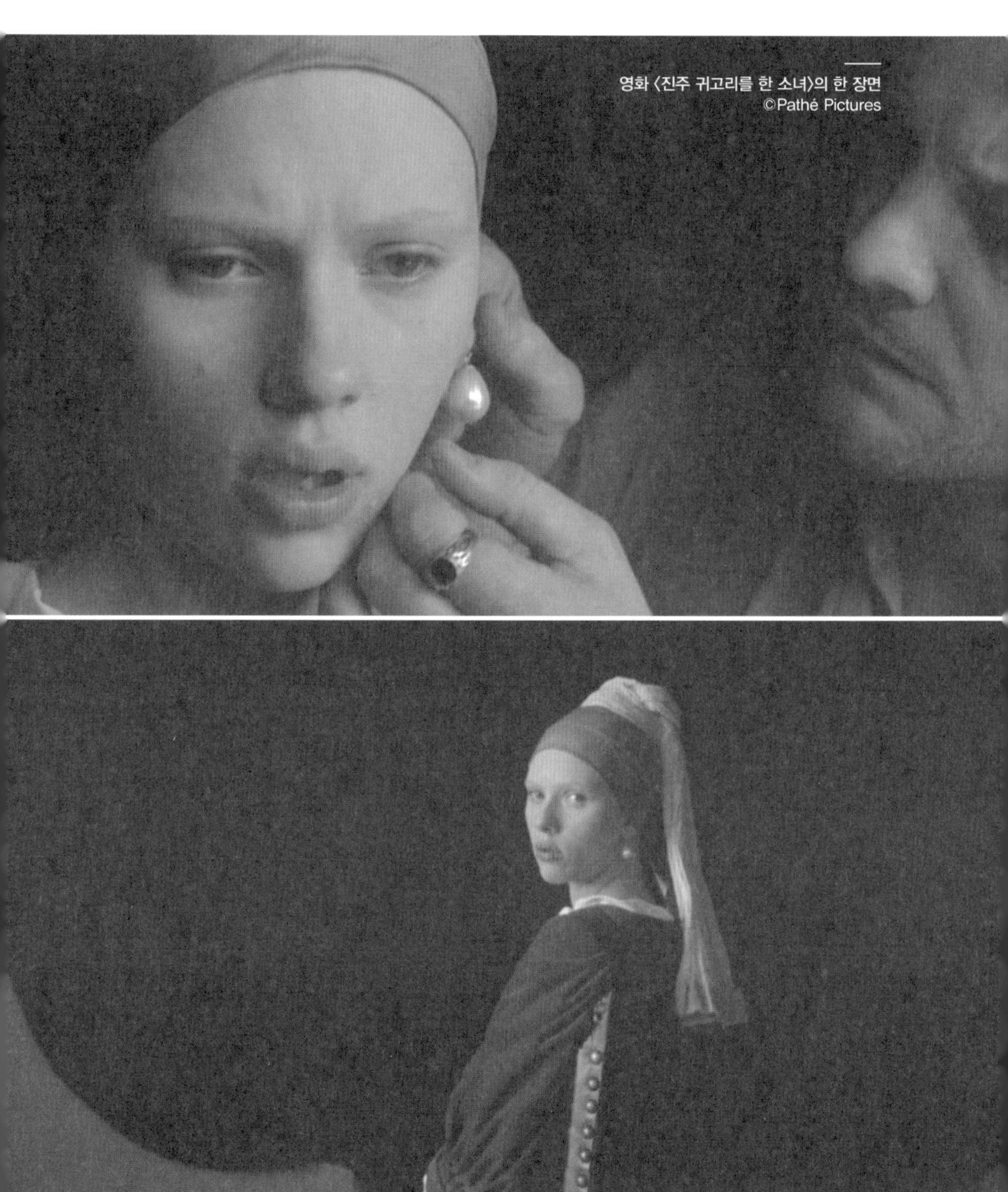

영화 〈진주 귀고리를 한 소녀〉의 한 장면
©Pathé Pictures

소설과 영화에서 소녀는 '그리트'라는 하녀다. 그리트는 16세에 하녀로 베르메르의 집에 들어온다. 집 주인이자 화가인 베르메르는 그리트에게서 신묘한 영감을 받는다. 그리고 아내 모르게 비밀리에 소녀의 초상화를 완성한다. 작품을 끝내놓고도 무언가 빠진 것 같아 만족하지 못하던 중 아내의 독특한 진주 귀고리를 발견하고 그것을 그리트에게 착용하도록 한다.

두 사람은 주인과 하녀에서 어느덧 스승과 제자, 어쩌면 사랑의 교감까지 나누게 되었다. 그 어떤 고백도 육체적인 접촉도 없었지만 두 사람의 시선에는 이미 욕망이 실려 있다. 그러나 조강지처의 예민한 촉이었을까? 내심 마음이 불안했던 아내는 이 초상화를 발견하고, 자신이 아닌 하녀를 그린 것에 격분하여 그리트를 쫓아낸다. 그 후 10년이 흘러 베르메르는 세상을 떠나며 그리트에게 진주 귀고리를 선물로 남긴다.

원래 베르메르의 작품에는 진주를 착용한 여성들이 자주 등장한다. 베르메르가 진주를 묘사한 탁월한 테크닉 외에도, 작품 속에서 진주를 착용한 여성이 11명이나 된다는 사실은 호기심을 불러일으키기에 충분하다. 게다가 11명 중 8명은 똑같은 '물방울 모양'의 귀고리를 하고 있다. 그 진주 귀고리는 소녀의 얼굴과 비교하자면 최소 2.5센티미터 폭에 세로로 5센티미터는 될 법한 크기다. 사실 이 정도의 커다란 천연진주가 당시 네덜란드에 존재했을 가능성은 희박하다. 17세기가 배경이니 진주 양식 기술이 발명되기도 훨씬 전의 일이다. 그렇다면 모조진주였거나 화가가 상상해서 진주 귀고리를 그렸다는 결론이 나온다. 베르메르가 그린 다른 여성들의 귀에도 똑같은 귀고리가 걸려 있다는 사실 또한 의문스러운 부분이다.

소녀의 신원에 관해서도 역시나 수많은 의견이 회자되고 있다. 가장 대표적인 것이 1654년에 태어난 베르메르의 큰딸 마리아이거나, 아니면 후원자이자 저 그림을 주문한 라이벤의 딸이라는 주장이다. 그러나 당시 마리아의 나이는 겨우 열한 살이었고, 베르메르를 바라보는 표정과 눈빛에는 아버지를 바라보는 친딸의 표정과 눈빛에서는 결코 나올 수 없는 아련한 무언가가 깔려 있다. 저 소녀 역시 화가였고 자화상을 그렸을 뿐이라는 주장, 또는 로고를 그려넣기 직전에 폐업해버린 진주 귀고리 업자의 실패한 마케팅이라는 코믹한 분석도 어떻게 보면 그럴싸하다. 그러나 익히 알려진 '베르메르의 하녀'라는 해석은 그 어떤 역사적 근거도 없지만, 소설과 영화로 만들어질 만큼 가장 낭만적인 버전이다.

## 바로크 시대의 바로크 진주

이런 다양한 해석 가운데, 영화에 전반적으로 깔려 있는 숭고함과 두 사람의 절제에서 비롯된 애잔한 기운은 그림 속 소녀의 눈빛이 특별한 감정을 담고 있음을 뒷받침해준다. 게다가 베르메르의 다른 그림 속 여자들은 대부분 먼 곳을 응시하고 있는데 반해, 이 그림에서 소녀는 화가를 정면으로 바라보고 있다. 그런 연유로 소녀는 그의 뮤즈이자 몰락의 원인이었을 수도 있다. 또 베르메르가 과장되게 그린 이 진

현대의 바로크 진주 귀고리
©Tanello

주는 우리가 흔히 연상하는 '정결'이 아닌, 그 시대 여성들의 '욕망'을 의미했을 수도 있다.

진주의 진위 여부나 소녀의 신원은 차치하더라도, 이 그림이 빛과 감정 표현이 풍부한 바로크 시대의 대표적인 그림이라는 사실만은 확실하다. 바로크 미술은 1600년경 이탈리아의 로마에서 시작되었지만 국가별로 다른 양상으로 전개되었다. 베르메르가 그림을 그린 1666년도의 네덜란드는 신교가 지배적인 독립 국가였다. 우상을 금지한 신교의 교리에 따라 성상화 등의 장식 역시 금지되었기 때문에 결과적으로 종교화보다는 장르화가 더 많이 남게 되었다.

그림은 왕족이나 귀족이 주문하는 방식이 아닌, 대부분 활발한 해상무역으로 부를 축적한 상인계급의 후원으로 제작되었다. 미술의 주제와 소유권이 대부분 이들 신흥 부르주아에게 있었다. 베르메르의 후원자였던 라이벤이 그 전형적인 인물이라 할 수 있다.

원래 '바로크baroque'라는 말의 어원은 울퉁불퉁하고 찌그러진 모양의 진주를 뜻하는 포르투갈어 'barroco'에서 기인한다. 르네상스 시대 유럽에서 크게 유행한 바로크 진주는 당대 멋쟁이 귀족들의 패션 아이템이었다. 그들은 진주의 모양이 불규칙하고 크기가 클수록 열광했다. 여기서 아이러니한 점은 '바로크 미술'이라는 말이 르네상스 양식의 고전적인 특징이 불균형하게 타락했다는 부정적인 풍자의 의미로 쓰이기 시작했다는 것이다. 시끄러운 시대에 태어난 바로크 시대의 미술가들은 화가의 상상력이나 개성을 담기 위해 애썼다.

## 신비로운 진주의 빛깔

우연과 자유분방함, 기괴한 양상 속에서 최소한의 질서와 논리가 유지된 바로크 미술은 후에 긍정의 의미로 거듭났다. 베르메르의 〈진주 귀고리를 한 소녀〉는 바로 이 시대를 대표하는 유산이다. 그는 빛이 사물에 미치는 영향을 주제로 밝고 온화한 색채의 조화와 사실적인 묘사를 선보였다.

영화 중반에 베르메르가 소녀에게 구름을 가리키며 무슨 색인가 묻는 장면이 있다. 소녀는 "노랑, 파랑 그리고 회색? 구름도 색깔이 있어요"라며 색채 감각을 드러내는데, 이 대답은 진주에 스며 있는 오버톤overtone이라는 신비스러움을 떠올리게 한다.

진주의 색은 체색body color, 오버톤, 오리엔트orient로 나뉜다. 좋은 품질의 진주에서는 체색 위에 핑크나 그린, 블루 등의 반투명 색이 은은하게 떠다닌다. 때문에 백진주나 흑진주라 해도 사실상 여러 빛깔이 공존한다고 보는 게 맞다.

그런데 베르메르는 진주를 회색, 반사광, 흰색으로 단순하게 표현했다. 빛의 간섭 현상으로 나타나는 무지갯빛의 오리엔트나 진주 위에 떠도는 은은한 오버톤도 생략했다. 그러나 화룡점정격으로 과감하게 찍은 하얀 물감 덩어리는 신기하게도 진주의 영롱한 빛을 살려준다. 마치 바다의 물결이 넘실거리듯 부드럽게 빛나고 있다. 그리고 그 빛을 받은 소녀의 안색이 화사하게 피어난다. 얼굴선을 따라 부드럽게 떨어지는 진주의 물방울 형태는 소녀의 턱 선을 더욱 갸름하고 곱게 다듬어준다.

어떤 의도와 의미가 담겼든, 베르메르가 그린 진주 귀고리에 대한 미스터리는 결국 매력의 원천이자 하나의 장르가 되어 사람들이 계속 이 작품을 보고 싶게 만들었다. 그림을 보고, 소설을 읽고, 영화까지 본 뒤 아마 사람들은 모든 것을 알게 되었다고 자신했으리라. 그러나 그림 뒤편의 이야기는 은은하면서도 다채로운 진주의 빛깔처럼 여전히 무수한 상상력으로 가득 차 있다.

## 〈위대한 개츠비〉:<br>보석과 샴페인으로 찬란했던 재즈시대

영화 〈위대한 개츠비〉의 배경은 1920년대 뉴욕이다. 좀 더 정확히 말하자면 제1차 세계대전과 제2차 세계대전의 사이에 껴 있는, 1929년 주식시장 폭락과 함께 사라져버린 대공황 직전의 풍경이다. 제1차 세계대전 승리 후 미국은 물질적인 번영을 바탕으로 소비와 쾌락이 난무했고, 뉴욕에는 재즈가 풍미하여 '재즈 시대'라 불렸다. 당시 미국의

영화 〈위대한 개츠비〉의 한 장면

티파니의 지그펠드 컬렉션
진주 태슬 목걸이

부자는 전통 부자인 '올드 머니'와 신흥 부자인 '뉴 머니'로 양분되어 있었다. 〈위대한 개츠비〉의 인물들로 대입해 본다면 뉴 머니는 주인공 개츠비이고, 톰 뷰캐넌은 전형적인 올드 머니를 상징한다.

개츠비는 가난한 집에서 태어나 가진 거라고는 몸뚱어리밖에 없었다. 그가 제1차 세계대전에 참전한 동안 사랑했던 여자 데이지는 대대손손 뼛속까지 부자인 톰과 결혼해버린다. 전쟁에서 돌아온 개츠비는 충격 속에서도 오로지 데이지를 만나겠다는 일념으로 기를 쓰고 돈을 모은다. 마침 미국 전역에 내려진 금주령은 개츠비에게 막대한 재산을 모을 수 있는 기회가 되었다. 밀주 사업과 부정 증권 판매 등 온갖 불법을 자행하며 거부가 된 개츠비는 데이지가 사는 뉴욕의 롱아일랜드로 돌아와 밤마다 파티를 열며 데이지와 만나기 위해 노력한다.

## 급격한 산업화로 인해 생겨난 허무주의

그렇게 1920년대는 급격한 산업화로 인한 경제번영 속에 소비와 유행이 활성화되어 물질적, 문화적으로 풍요로운 시대였다. 그러나 전쟁에서 허무하게 사라진 젊은 목숨들을 보고 인생무상에 심취한 탓일까? 청년들은 '즐기고 보자' 주의에 탐닉하여 방탕한 생활에 빠져들기 시작했다.

정신적으로 빈곤해진 이들은 섹스, 춤, 재즈에 몰두했고, 흑인 문화에서 시작된 재즈는 어느덧 백인들의 문화에도 중요한 영향을 미쳤다. 라디오의 등장으로 빠른 리듬의 재즈 음악은 하루 종일 그들의 감성을

티파니의 지그펠드 컬렉션 진주 반지

자극했다. 이런 당시의 생활상은 영화 속에서도 화려한 장면으로 무장되어 관객의 시선을 사로잡았다.

그렇게 쾌락만을 추구하는 인생, 밤마다 이어지는 파티, 불륜, 심지어 치정 관계로 번진 시대의 비극은 개츠비의 슬프고도 허망한 죽음으로 귀결되었다. 이것이 라이프스타일과 문화에 대혁명을 일으킨 재즈 시대의 어두운 진실이다.

## 대칭과 직선을 지향한 아르데코

1920년대는 예술 양식상으로는 '아르데코'가 전성기를 이룬 시기다. 파리를 중심으로 시작된 아르데코 양식은 미국의 문화적 감성을 더해 짧은 기간 동안 강력한 이미지와 메시지를 남겼다. 관능적인 아치형의 스테인리스 스틸 첨탑이 인상적인 크라이슬러 빌딩을 비롯하여, 엠파이어스테이트 빌딩, 록펠러 센터, 그리고 여성의 로망 5번가에 있는 티파니 빌딩까지, 지어진 시기는 각기 달라도 아르데코의 흔적을 찾아볼 수 있는 뉴욕의 대표적인 건축물들이다.

아르데코는 유연한 곡선과 연한 색조, 자연적인 디자인을 강조한 아르누보 스타일에 대한 싫증으로 비대칭보다는 대칭을, 곡선보다는 직선을 지향했다. 그리고 이 시기 풍부한 색감과 기하학적 요소를 바탕으로 주얼리 역사상 가장 훌륭한 작품들이 대거 탄생했다. 명장들이 활약한 까르띠에, 반클리프 아펠, 부쉐론 같은 럭셔리 하우스의 주얼리가 활발히 제작된 때이기도 하다. 레이몽 탕플리에나 수잔 벨페론

등 사회적으로나 기술적으로 진보적인 디자이너들도 앞 다투어 가장 현대적인 디자인을 내놓았다.

이 시기는 여성들의 역할 자체에도 드라마틱한 변화가 생겼다. 제1차 세계대전 후 돌아오지 않은 남성들의 빈자리를 여성들이 메워야 했기 때문이다. 여성의 참정권 획득은 당시에는 큰 영향을 미치지 못했지만 가사 노동에서 해방된 여성들은 지위 향상과 경제적 독립을 맛보았다.

일하는 여성의 증가로 좀 더 기능적이고 실용적인 패션을 추구하게 되었다. 여성들은 코르셋을 벗고 몸매가 잘 드러나지 않는 담백하고 직선적인 의상을 입기 시작했다. 머리는 보브컷으로 짧게 잘랐고, 종 모양을 한 클로슈 모자로 두상을 감쌌다. 기존 관습을 깨뜨려 자유분방함과 독립성을 강조한 이런 신여성들을 '플래퍼flapper'라 불렀다.

## 여성들의 변화가 이끌어낸 주얼리의 변화

그러나 이들이 여성스러움을 포기한 것은 결코 아니었다. 밤이 되면 무릎까지 오는 짧은 길이의 민소매 드레스나 등이 깊게 파진 로우백low back 드레스로 몸을 노출시켰다. 이전의 가치관으로는 상상도 할 수 없는 과감한 패션을 시도한 것이다. 짧은 머리가 허전하지 않게 눈에 띄는 귀고리가 필요하게 되었고, 드러난 맨살은 주얼리로 채우기에 적합했다. 플래퍼들은 섹시한 의상과 기하학적 모티브의 아르데코 주얼리를 착용한 소위 '개츠비 룩'으로 재즈 음악에 맞춰 밤새도록 춤을 추고

티파니의 개츠비 컬렉션 헤드 피스

파티에 심취했다.

이런 패션의 변화는 앞태뿐 아니라 뒤태까지 고려한 주얼리를 탄생시켰다. 그래서 소투아르sautoir가 재즈 시대에 가장 인기를 끈 스타일이 된 것이다. 길게 늘어지는 소투아르 목걸이는 맨 살이 훤히 드러난 등 쪽으로도 늘어뜨릴 수 있어 로우백 드레스와 최상의 궁합을 자랑했다. 두 겹으로 감아 짧게 두르거나 다른 목걸이와 함께 겹쳐 착용하기도 했다. 체인에는 보통 진주, 다이아몬드, 산호, 에메랄드, 사파이어, 루비, 오닉스 등이 군데군데 장식되었고 늘어진 끝에는 펜던트가 달렸다. 씨드 펄seed pearl(좁쌀 진주)이나 유색석 비즈로 촘촘히 엮은 태슬, 인도풍 장식의 펜던트 역시 재즈 시대를 대표하는 주얼리다.

이 당시 주얼리는 소재나 기술적인 면에서도 변화를 맞았다. 전쟁 후 정치적 긴장감이 도는 가운데 주얼러들은 고품질의 주얼리를 좀더 심플한 형태로 효율적으로 대량 생산했다. 플라스틱이나 알루미늄 같은 신소재도 처음 주얼리에 쓰이기 시작했다. 크롬 처리된 금속도 사용했으며, 딱딱하게 각진 바게트 컷 다이아몬드가 큰 사랑을 받았다. 과학의 진보로 자동차나 비행기 모양의 주얼리가 등장했고, 스포츠 모

영화 〈위대한 개츠비〉의 한 장면

티브, 팔찌에서 브로치 등으로 변신이 가능한 다기능 주얼리도 인기가 많았다.

색상의 대비를 강조하는 전형적인 아르데코풍의 보석 조합이 유행해 다이아몬드 주변을 강렬한 원색의 산호나 에메랄드, 루비, 오닉스로 감싸기 시작했다. 화려한 헤드 피스head piece와 볼륨 있는 샹들리에 귀걸이도 유행했다. 또한 천연보석뿐 아니라 다양한 합성석을 사용한 시기이기도 하다. 귀금속이나 귀보석이 아닌 저가의 재료를 사용한 코스튬 주얼리도 번성했다.

### 실제 티파니의 고객이었던 피츠제럴드

2013년 판 〈위대한 개츠비〉는 티파니와의 협업을 통해 총 20여 개의 재즈 시대 주얼리를 새로 패션화했다. 알고 보면 원작가인 프랜시스 스콧 피츠제럴드와 티파니는 사실상 서로 깊은 관련이 있었다. 피츠제럴드는 재즈 시대에 실제로 티파니의 고객이었고, 티파니 창립자의 아들이자 최초 디자인 디렉터였던 루이 컴포트 티파니 역시 영화에 나오는 롱아일랜드 사교계의 일원이었기 때문이다. 즉, 같은 시간과 공간을 공유했던 두 사람은 질펀했던 재즈 시대의 산 증인이자, 오늘날 영화를 통해 여성들 내면의 '플래퍼' 감성을 충동질한 장본인인 셈이다.

한때 주얼리의 가치가 나석(세팅되지 않은 보석)보다 떨어져 소장자들이 주얼리를 분해한 적이 있다. 이에 앤틱 주얼러 프레드 레이튼은 "미술 명작의 가치를 이미 사용한 물감으로 평가하는 것과 같은 미친

짓"이라며 불같이 화를 냈다. 다행히 아르데코 시대 주얼리는 나석 그 자체의 가치를 훨씬 뛰어넘어, 컬렉터들이 항상 소유하고 싶어 한다. 또한 현대의 디자이너들 사이에서도 재해석하고 싶은 영감을 자극하는 최고의 모티브 중 하나다.

재즈 시대의 호사스러움은 사실 역설적으로 그 시대가 필요로 한 합리성과 구조적 기능성에서 기인했다. 그리고 차갑고 딱딱하게 느껴질 때도 있지만 깊게 탐구할수록 세심하고 우아하며 환상적인 아르데코 시대의 주얼리와, 뉴욕의 스카이라인을 환상적으로 변화시킨 그 시발점에는 그렇게 1920년대의 라이프스타일이 있었다. 고층 빌딩과 여성의 권위는 동시에 부상했고, 그 도시의 면면은 디자이너들에게 최고의 영감을 선사했다. 개츠비가 사랑을 찾아 복귀한 재즈 시대는 보석과 샴페인에 힘입어 그렇게 '위대'할 수 있었다.

## 〈이수일과 심순애〉:
## 식민지 조선에도 다이아몬드가 있었을까

대부분 '이수일과 심순애'로 알고 있는 이 이야기의 원작은 1913년 조중환이 번안한 소설 『장한몽』이다. 그리고 이 소설의 실제 원작 역시 따로 있었으니, 1897년 1월부터 1899년 1월까지 일본의 〈매일신보〉에 연재된 오자키 고요의 『곤지키야사金色夜叉』라는 소설이다. 그런데 『곤지키야사』 또한 19세기 말 영국의 런던을 배경으로 한 버사 클레이의 영

영화 〈장한몽〉 포스터

소설 『장한몽』
©국립중앙도서관

문 소설 『여자보다 약한 것Weaker Than a Woman』을 거의 그대로 각색한 것이다. 전체적인 구성과 다이아몬드를 준다는 설정이 같다. 결국 번안작을 번안한 후 우리의 정서와 라이프스타일을 반영한 이야기가 널리 퍼진 셈이다. 이 소설에서 처음 언급된 다이아몬드는 『장한몽』에는 금강석이라고 표현되었는데, 연극 〈이수일과 심순애〉가 된 후부터 다이아몬드라고 바뀌었다.

이야기는 이후 가요, 연극, 악극, 영화로 여러 차례 탈바꿈해 우리에게 친숙하지만 조금씩 바뀐 모습으로 소비되었다. 1926년에 나온 흑백 무성영화 〈장한몽〉에는 나운규와 심훈이 출연했다. 1931년에는 이구영 감독이 〈수일과 순애〉라는 제목으로 영화화했는데, 이동 촬영 기법을 도입해서 주목을 끌었다. 돈에 흔들리는 여심에 초점을 맞춘 1965년판 영화는 김달웅 감독이 연출하고, 신성일과 김지미가 주연한 〈이수일과 심순애〉다. 조중환의 소설 원작에 가장 충실했다고 평가되는 1969년판 신상옥 감독의 영화 〈장한몽〉도 있다. 이수일과 심순애의 이야기는 이후 1970~1980년대에 여러 장르를 넘나들며 가장 활발하고 폭넓게 향유되었다.

## 사랑을 버리고 돈을 선택한 순애의 비극

주인공 이수일과 심순애는 경성제국대학 이학부 학생으로 둘은 연인 사이다. 순애를 장안의 갑부 김중배와 결혼을 시키려는 순애의 어머니는 어려운 집안 형편을 일으키기 위해 딸을 설득한다. 순애는 김중배와의 결혼을 원하지 않았지만 결국 사랑을 버리고 돈을 택하게 된다. 이 사실을 알고 순애에게 경멸을 퍼붓고 떠난 수일은 고리대금업자가 되어 돈의 힘으로 복수하려 한다. 그러나 순애는 이미 남편 김중배의 심한 의처증으로 온갖 모욕과 멸시를 참고 살다 쫓겨난 상태다. 수일을 찾아온 순애는 눈물을 흘리며 용서를 빌지만 수일은 순애를 외면한다. 결국 순애는 은장도를 꺼내 자신의 가슴을 찌르고, 수일은 순애를 품에 안고 오열한다.

물방울 다이아몬드

물방울 다이아몬드 반지

1910년대의 소설은 이렇듯 남녀 간의 연애를 소재로 권선징악을 보여주는 내용이 일반적이었다. 다만 극에서 다이아몬드가 핵심 소재로 사용되었다는 대목이 우리의 호기심을 자극한다. 원작의 소설은 지금부터 무려 100여 년 전에 쓰였다. 극중 갈등상황에 몰입하려면 다이아몬드가 그 당시에 일반인들도 인지할 정도로 대중적인 상징물이라는 전제가 깔려 있어야 한다. 금괴나 땅문서도 아닌 생소한 다이아몬드에 패배한 '1910년대 남자의 순정'을 어떻게 받아들여야 할까?

## 일제 강점기에 들어온 다이아몬드

부유한 은행가의 아들로 묘사된 김중배는 처음부터 다이아몬드 반지를 끼고 등장한다. 그 다이아몬드는 우리가 일반적으로 접하는 라운드 형태가 아니라 소위 물방울 다이아몬드다. 정식 명칭은 '페어 컷 다이아몬드'로 팬시 컷 중에 하나다.

김중배는 고급 망토와 수달 모피로 만든 목도리를 두르고 자가용 인력거를 타고 다닌다. 그렇게 호사스러운 차림으로 고모 집에 도착했을 때 순애를 비롯하여 윷놀이를 하던 모든 사람들은 그의 다이아몬드에 넋이 나간다. 작가는 김중배의 호화롭고 부유한 배경과 성향을 한껏 묘사한 후 다이아몬드로 화룡점정을 찍었다. 따라서 관객들은 다이아몬드란 사랑하는 여인의 마음을 빼앗을 정도로 강력한 힘을 발휘하는 초고가 물건임을 자연스럽게 인지하게 된 것이다.

왕족이나 최고위층만 소유하던 다이아몬드가 전 세계적으로 퍼진 것은 19세기 말 남아프리카에서 다이아몬드 광산이 잇달아 발견되면서부터다. 서양에서 중산층 자녀들이 결혼할 때 서약의 용도로 쓰기 시작한 것도 당연히 이때 이후의 일이다.

아시아에서는 아무래도 당시 서양과 왕래가 잦던 일본이 보석의 유입이 빨랐다. 일본은 1854년 미국의 압력으로 문호를 개방하고 서방세계와 접촉을 하기 시작한 상태였다. 일본은 일제 강점기에 고급스러운 귀금속 제품을 우리나라에 많이 들여왔는데, 금강석이라 불리던 다이아몬드 역시 이때 소개되었다. 그러니 영화 속의 김중배의 다이아몬드도 현실적으로 불가능한 장치는 아니다. 물론 희귀하고 비싼 가격으로 인해 김중배 같은 소수의 초부유층에서만 소유할 수 있었을 것으로

다이아몬드 반지는
우리나라에서도
보편화된 결혼예물이다
ⓒKohinoor

예상한다.

전통적으로 결혼 예물에 가락지를 사용하던 우리나라에서 서양식으로 반지를 교환하는 풍습이 생긴 것은 1945년 해방 이후다. 미국에서 드비어스가 범세계적인 '다이아몬드는 영원히' 마케팅 캠페인을 해 결혼과 약혼의 증표로 다이아몬드가 널리 퍼진 시기와 거의 일치한다.

사실 제2차 세계대전 이전에만 해도 미국에서조차 약혼반지에 다이아몬드가 세팅된 비율은 10퍼센트 미만이었다. 드비어스 캠페인의 파급력에 힘입어 우리나라에도 다이아몬드의 수요가 생기기 시작했고, 1950년대 중반 이후 결혼 예물로 보편화되었다. 1960~1970년대에 들어서는 소득 수준이 높아지면서 부유층에서는 다이아몬드 외에 루비, 사파이어, 에메랄드, 진주가 혼수 예물 세트로 각광받게 되었다. 그러나 1997년 외환위기를 겪은 이후 다시 다이아몬드만 주고받는 간소한 문화로 바뀌고 있다.

## 순정과 치정, 그 영원한 테마

두 젊은 남녀의 비련을 그린 〈이수일과 심순애〉는 다분히 예측할 수 있는 전개와 결말로 이루어져 있다. 그러나 결국 100년이 지난 지금의 우리를 대입해도 별반 다를 바 없는 물질적 가치와 사랑의 힘을 주제로 한다.

극의 클라이맥스인 바짓가랑이에 매달린 순애를 뿌리치는 수일의 매몰찬 발길질은 뼛속까지 상처 입은 남자의 갈기갈기 찢어진 마음이다. 이 장면에서 매달리는 순애를 동정하는 관객은 없다. 이 순간을 잊지 않겠다며 저주의 맹세를 부르짖는 수일의 대사는 그래서 오랫동안 한국인의 공감을 불러일으켜 실연의 아픔을 어루만진 명장면이 되었다. 이수일이 "말 못하는 보석이 인간의 말보다도 더 힘 있게 여자의 마음을 움직인다"고 간파한 셰익스피어를 일찍이 알았더라면 어땠을까? 감정이 이입되는 안타까운 대목이다.

가난을 무릅쓰고 순정을 바친 남자, 모든 것을 갖춘 경쟁자, 갈대처럼 흔들리는 여심은 때로는 극적인 치정 사건으로 번져 21세기인 지금도 현실과 영화를 넘나들며 숱하게 접하는 테마다. 그러니 〈이수일과 심순애〉를 곱씹을수록 100년 전이나 지금이나 물질에 좌지우지되는 인간의 원초적인 욕망은 변하지 않음을 확인하게 된다.

## 〈왕과 나〉: 우주를 닮은 오팔에 아로새겨진 사랑

1930년대 말 시암Siam(현재의 태국)의 왕자와 결혼한 한 영국 여성이 소유했던 주얼리가 2013년 7월 소더비 런던 경매에 나왔다. 시암과 영국의 러브 스토리라 하니 30대 이상이라면 한때 율 브리너라는 배우의 카리스마에 열광하게 만든 영화 〈왕과 나〉가 떠오를 것이다.

시암의 왕과 영국의 가정교사 애나의 이야기를 다룬 〈왕과 나〉는 동명 소설을 브로드웨이 뮤지컬로 올린 뒤 1956년에 영화화한 것이다.

그리고 1999년에는 〈애나 앤드 킹〉이라는 제목으로도 리메이크되었다. 율 브리너와 데보라 커가 '쉘 위 댄스'를 부르며 경쾌하게 왈츠를 추는 모습은 영화를 통틀어 가장 유명한 장면이다. 그런데 이 영화의 모티브가 앞서 말한 소더비 경매의 주인공인 영국 여성과, 태국 왕자의 러브 스토리라는 사실을 아는 사람은 거의 없다.

## 태국 왕자와 두 번 결혼하다

주얼리 컬렉션의 주인공 세릴 헤이콕은 17살이 되던 해에 런던의 아트 스쿨에서 시암의 왕자 비라와 만났다. 이것이 평범한 여성에서 비라봉스[Birabongse]의 공주가 되는 신데렐라 같은 이야기의 시작이다.

시암 왕국의 근대화 노력의 일환으로 영국의 이튼스쿨과 캠브리지 대학에서 교육을 받은 비라 왕자는, 열네 살도 되기 전에 부모를 잃어 성인이 될 때까지 사촌 형인 출라 왕자의 법적인 보호를 받고 있었다. 비라는 용돈의 대부분을 롤스로이스 구입에 쏟아 부은 자동차광이자 유명 카레이서였다. 포뮬러 원 대회에 출전한 것은 물론 올림픽에 4회나 출전한 국가대표 요트 선수라고 한다. 당시 동양권에서는 보기 드문 세련되고 활동적인 남성이었음을 짐작할 수 있다.

비라와 세릴 부부는 제2차 세계대전 속에서도 영국, 스위스, 남부 프랑스를 옮겨 가며 행복한 결혼 생활을 보냈다. 그러나 결혼 후 12년 만인 1949년에 그들은 파경을 맞았다. 이 후 비라 왕자는 결혼을 네 번이나 거듭하지만, 세릴은 끝까지 홀로 남아 비라 왕자를 기다렸다. 결

영화 〈왕과 나〉 포스터
©20th Century Fox

영화 〈왕과 나〉의 한 장면
©20th Century Fox

소더비 경매에 나온
세릴의 오팔 컬렉션
©Sotheby's

소더비 경매에 나온
세릴의 오팔 컬렉션
©Sotheby's

국 서로의 끈을 놓지 않던 이들은 1983년에 재결합해 2년의 짧은 결혼 생활을 함께한다.

비라 왕자의 마지막은 초라하고도 비참했으니, 심장마비로 런던에서 객사하여 주머니 안에 들어 있던 쪽지를 통해서야 그가 태국의 왕자였음이 밝혀졌다. 그 후 세릴은 1992년 비라 왕자의 첫 부인이자 마지막 부인으로서의 이야기를 담은 책 『왕자와 나: 시암의 비라 왕자와 함께한 나의 인생The Prince and I: My life with Prince Bira of Siam』을 출간했다.

소더비 경매에 나온 세릴의 컬렉션은 1937년부터 세릴이 사망한 2010년까지 소유했던 주얼리 중 한 세트다. 브로치 두 개, 팔찌 네 개, 목걸이 하나와 반지로 구성되어 있다. 모두 비라 왕자에게 생일 선물로 받은 것인데 정확히 말하면 비라 왕자의 법적 보호자인 출라 왕자에게 전해 받은 주얼리다.

출라 왕자의 어머니는 시어머니인 사오와바 왕비에게 상속받은 엄청난 양의 값비싼 보석들을 갖고 있었고, 남편과 헤어지고 상하이로 떠나면서 이 모든 보석을 출라 왕자에게 물려준 것이다. 출라 왕자는 10월생인 세릴을 위해 탄생석인 오팔 주얼리 세트와 진주, 다이아몬드 등 다양한 보석을 선별해 비라 왕자를 통해 전달했다. 모두 19세기 말에서 20세기 초의 생생한 역사가 깃든 귀중한 컬렉션이다.

그렇게 세릴이 평생 동안 간직했던 주얼리는, 세릴이 죽은 뒤에서야 세상에 나왔다. 출라가 살아 있는 동안에 보석을 처분할 수 없다는 조건이 있었지만, 세릴은 출라가 사망한 뒤에도 보석을 팔지 않았다.

## 우주의 모습을 닮은 오팔

영국과 태국은 전쟁으로 인해 한때는 반대편에 서 있던 나라다. 이 두 나라를 배경으로 국경을 초월한 사랑, 이별, 재회의 사연이 켜켜이 쌓인 세릴의 보석 컬렉션에는 오랜 시간 동안 이야기가 덧입혀졌다. 비라는 무뚝뚝하고 권위적인데다 젊은 시절 카레이싱에만 몰두했던 철부지 왕자였지만, 세릴은 그에게 첫 사랑이자 마지막 사랑으로 남았다. '큐피드의 돌'이라는 애칭으로 여성의 행복을 상징하며 화려함을 뽐내는 오팔이, 세릴의 컬렉션에서는 왠지 처연한 느낌이 들게 한다.

오팔은 컬러 스펙트럼에 있는 모든 색이 존재하고, 한 폭의 인상주의 그림 같은 독특한 무늬 때문에 저절로 세상 하나뿐인 보석이 된다. 따라서 무궁무진한 창의력을 발휘할 수 있어 디자이너들에게는 더없이 즐거운 소재라고 한다. 특히 무지갯빛의 '플레이 오브 컬러play-of-color(변채)' 효과는 다른 보석에서는 찾아볼 수 없는 오팔만의 매력이다.

요즘은 호주의 전통적인 블랙 오팔 외에도 블랙 오팔의 사촌 격인

아름다운 현대의 오팔 컬렉션
©Irene Neuwirth

납작하고 자유로운 형태의 '보울더 오팔', 강렬한 오렌지 빛의 멕시코산 '파이어 오팔', 에티오피아의 '초콜릿 오팔', '웰로 오팔'이 대세다. 전 세계 오팔의 97퍼센트 정도가 생산되는 호주에서는 오팔이 여성들의 필수 보석이라고 한다.

오팔은 아름다움을 유지하지 위해 부단히 노력해야 하는 예민한 존재다. 수분을 약 5~10퍼센트 정도 함유하고 있기 때문에 건조해지면 아름다운 색을 잃거나 뿌옇게 변하고, 결국 갈라지고 부서지게 된다. 그 찬란한 빛을 잃지 않기 위해 끊임없이 관심과 보호를 기울여야 하니, 마치 사랑이 퇴색하지 않게끔 노력하는 바람직한 연인 관계 같은 보석이다.

프랑스 시인 폴 클로델은 빛을 창조하는 것은 금을 만드는 것보다 어려운 일이라 했다. 세릴의 컬렉션을 보며 빛으로 우주의 모습을 그려내는 '착용할 수 있는 예술 작품wearable art', 오팔의 매력에 잠시 빠져본다.

## 〈블러드 다이아몬드〉:<br>아프리카인들의 목숨과 바꾼 피의 다이아몬드

전쟁 중에 불법으로 채굴해 밀수하는 다이아몬드를 '컨플릭트 다이아몬드conflict diamond', 즉 '분쟁 다이아몬드'라고 한다. 이 다이아몬드의 수익으로 무기를 사들이고 그에 따른 사상자가 점점 늘어나게 되자, 대중의 의식을 깨우기 위해 '블러드 다이아몬드'라고 부르기 시작했다.

2002년에는 블러드 다이아몬드의 거래를 금지시키는 '킴벌리 프로세스Kimberly Process'가 40개 국가를 중심으로 발효되었다. 이들 국가에서는 협약을 통해 모든 다이아몬드의 수출입 기록을 철저히 기록하여 전쟁 범죄와 관련되지 않은 다이아몬드임을 인증한다. 이후 많은 주얼리 브랜드에서 킴벌리 프로세스를 준수하고 미분쟁conflict-free 다이아몬드만 사용하고 있음을 홍보 포인트로 내세우고 있다.

사실 영화 〈블러드 다이아몬드〉가 개봉되기 전만 해도 사랑하는 연인에게 기쁨을 안겨주는 다이아몬드에 피와 눈물과 땀방울이 서려 있을 수도 있다는 사실 자체를 모르는 사람들이 많았다. 실제로 1980~1990년대까지 시에라리온과 라이베리아에서 살인, 강간 등 반인륜적 범죄와 함께 채굴된 수많은 다이아몬드가, 지구 반대편에서는 남녀의 사랑을 이어주었다고 해도 과언이 아니었다. 아름답고 숭고한 결혼의 매개체로 쓰이는 다이아몬드가 그곳에서는 그저 피를 부르는 악의 축일 뿐이었다.

## 영원한 사랑에 가려진 핏빛 다이아몬드

영화는 1990년대 발생한 시에라리온의 혼탁한 내전을 배경으로 한다. 짐바브웨 용병 출신으로 위험을 무릅쓰고 다이아몬드를 되찾으려 하는 밀수업자 대니 아처(레오나르도 디카프리오)와 목숨을 걸면서까지 아들을 찾으려고 하는 어부 솔로몬 반디(디몬 하운수)의 이야기로 영화는 전개된다. 영화에서 반디는 강제 노역을 하던 중 진귀한 100캐럿짜리

숭고한 결혼의 매개체인 다이아몬드.
때로는 피와 눈물이 서려 있다.

핑크 다이아몬드를 발견하고 몰래 숨겨 놓는다. 그 다이아몬드는 소년병으로 납치, 동원된 아들을 구해내기 위한 생명 같은 무기이자 유일한 희망이다.

한편 이 다이아몬드의 정보를 입수한 아처는 지긋지긋한 아프리카를 떠날 수 있는 기회라 여기고 반디에게 접근한다. 이 과정에서 블러드 다이아몬드의 가장 슬픈 진실이 드러나는데 바로 학살에 이용된 어린아이들이다. 혁명에 반대하는 자는 모두 적으로 여기도록 세뇌되어 '킬러'로 길러진 소년 병사들은 자신의 손으로 가족에게 기관총을 난사한다. 의사를 꿈꾸던 반디의 아들 역시 소년병이 된 후 아버지를 향해 총구를 겨누며 끔찍한 비극을 극대화시킨다. 다행히 영화는 아들이 아버지의 설득에 되돌아오는 해피엔딩으로 마무리되지만, "학교에 가고 싶지 않다"고 투정부리던 소년이 "난 타고난 킬러다"라고 말하게 되는 상황은 중요한 메시지를 던져준다.

## 자원의 저주인가, 혜택인가?

시에라리온과 라이베리아가 위치한 아프리카의 북서부 지역은 실제로 전 세계 다이아몬드의 20퍼센트가량이 생산될 정도로 광물 자원이 풍부한 곳이다. 그러나 현실은 풍요로운 자원의 축복은 온데간데없고 세계에서 가장 평균 수명이 짧은(34.2세) 빈곤 국가일 뿐이다. 아니, 오히려 다이아몬드 광산으로 인한 막대한 이익은 '자원의 저주'가 되어 끊임없는 내전과 부정부패라는 악순환으로 이어졌다.

1992년에서 2002년까지 벌어진 온갖 전쟁범죄를 실질적으로 조종한 테일러 전 라이베리아 대통령 또한 그 이권에 눈에 멀어 자신의 나라보다 더 많은 양의 다이아몬드가 생산되는 이웃 나라 시에라리온에 마수를 뻗친 것이다. 그는 반군 조직인 혁명연합전선[RUF]에게 다이아몬드를 받고 무기를 대주며 그들을 잔혹하게 훈련시켰다.

민간인 수천 명의 신체를 절단하고 내장을 꺼내 차 범퍼에 붙이는 등 잔혹한 테러로 서부 아프리카를 피로 물들였다. 그 결과 10년 동안 무려 12만여 명이 사망했다. 반군은 다가오는 선거철에 투표를 하지 못하게끔, 또 보복을 막기 위해서 주민들의 멀쩡한 팔을 잘랐다. 강제

영화 〈블러드 다이아몬드〉의 한 장면

동원된 소년병들과 용병들은 마약과 술에 취한 상태에서 강제로 학살을 저질렀다.

그렇게 망가진 인생은 전쟁이 끝나도 회복되기 힘들었고, 지금도 난민촌에는 팔이 없는 사람들이 수두룩하다. 영화에서는 미국인 기자 매디 보웬(제니퍼 코넬리)이, 언론보도에도 불구하고 희생자의 고통이 멈추지 않는 이런 안타까운 현실을 상기시키는 양심을 대변한다.

## 영화 〈블러드 다이아몬드〉가 주는 의미

영화는 아프리카의 아프고 참혹한 상황을 알리는 데만 그치지 않는다. 이 모든 비극을 단순히 아프리카의 욕심 많은 소수 권력층만의 책임으로 돌릴 수는 없다는 현실을 냉철하게 직시하도록 했다. 감독은 2개월치 월급을 모아 다이아몬드를 구입하는 누군가도 이 비극에 간접적으로 동참하는 것이라는 반성과 책임의 목소리를 이끌어내고자 했다.

영화에서 '반데캅'으로 나오는 영국의 다국적 다이아몬드 기업은 한때 전 세계 다이아몬드의 90퍼센트까지 독점 공급했던 드비어스를 빗댄 것이다. 어떤 사람들에게 드비어스는 "다이아몬드는 영원히"라는 캠페인으로 로맨틱한 프로포즈 스토리를 선사해 행복한 추억을 만들어준 고마운 은인일 것이다. 그러나 비록 전쟁을 지원하지는 않았더라도 드비어스가 성공적으로 상징화시킨 다이아몬드의 희소성이 이 비극에 직간접적인 영향을 미쳤음을 부인할 수는 없다. 공급을 조절해서 수요를 창출한 그들의 경영 방식에 대해 생각하게 만드는 대목이다.

## 나오미 캠벨의 블러드 다이아몬드 스캔들

블러드 다이아몬드가 우리에게 주는 의미를 생각해볼 때면, 몇 년 전 슈퍼 모델 나오미 캠벨의 '블러드 다이아몬드 스캔들'이 떠오른다. 1997년 9월 당시 남아프리카 공화국 대통령 넬슨 만델라가 주최한 만찬에 참석한 찰스 테일러 전 라이베리아 대통령이 캠벨에게 다이아몬드 원석을 선물로 건넨 혐의였다. 당시 테일러는 반군에게 받은 다이아몬드를 현금화하거나 무기와 맞바꾸려고 남아공으로 가져갔다. 그리고 만찬 후 캠벨의 호텔방으로 원석 몇 개를 보냈다.

이후 블러드 다이아몬드 스캔들에 휘말린 캠벨은 증언대에 서서 자

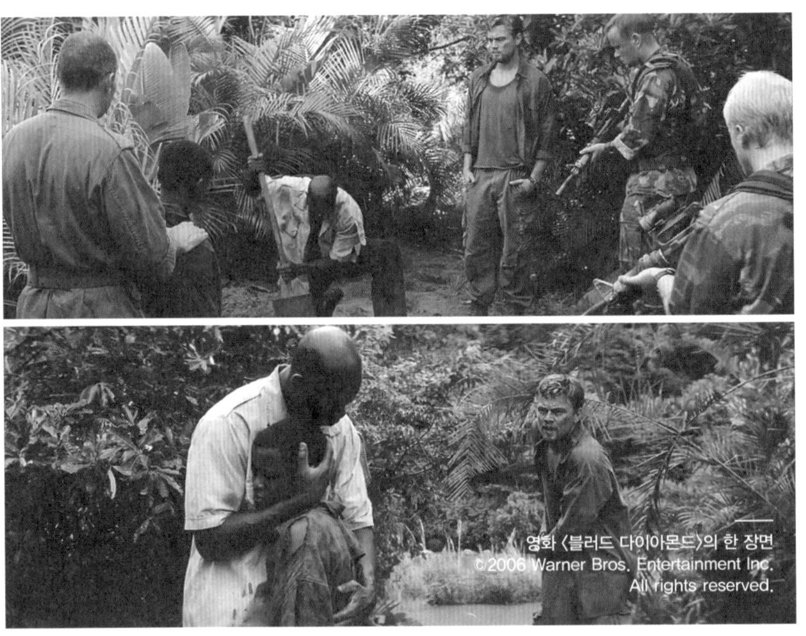

영화 <블러드 다이아몬드>의 한 장면

신이 받은 다이아몬드를 '지저분한 돌덩이'라 표현하며, 그 돌덩이가 원석인지 몰랐다고 진술했다. 심지어 '블러드 다이아몬드'라는 용어도 처음 들어본다며 그 '돌덩이'를 만델라 대통령의 어린이 재단 위원장에게 넘겼다고 일축했다. 캠벨이 알았든 몰랐든 간에 사실상 테일러에게서 블러드 다이아몬드를 받았음을 시인한 것이다.

현재 테일러는 시에라리온에서 반인륜적 범죄를 저지른 혐의로 50년형이 선고되어 복역 중이다. 60세가 넘은 그의 나이로 볼 때 사실상 종신형이나 다름없다. 테일러 전 대통령의 유죄 판결은 제2차 세계대전 이후 처음으로 국제 재판에서 국가 정상에게 유죄를 선고한 기념비적인 일이다.

아직도 블러드 다이아몬드는 불법 밀거래를 통해 아프리카를 빠져나가고 있다. 이미 합법적인 다이아몬드와 뒤섞여 유통되고 있는 블러드 다이아몬드의 행방을 완벽하게 쫓을 길은 없다. 여자의 인생에서 가장 행복한 순간을 빛내는 다이아몬드 뒤에 드리워진 특정 집단의 이기심, 그리고 영화 밖 '현실에서의 실천'을 권유하는 감독의 메시지를 되새겨봐야 할 때다.

# Chapter 4

# 보석,
# 사랑을 훔치다

*Jewelry Story*

## 엘리자베스 테일러:
## 숙녀에게는 큰 다이아몬드가 필요해요

할리우드의 아이콘 엘리자베스 테일러의 주얼리는 17세기 앤티크 피스부터 21세기 현대 디자이너의 작품까지 폭넓은 컬렉션을 자랑한다. 그런 테일러의 보석을 언급하려면 먼저 마이크 토드, 에디 피셔, 리처드 버턴, 이 세 명의 남성을 짚고 넘어가야 한다. 이들은 테일러를 위해 당대 최고의 주얼러에게 최고 품질의 보석만 구입했다. 시간을 초월한 이 잘난 남자들의 보석 경쟁은 오직 '엘리자베스 테일러'라는 꼭짓점을 향해 있었다.

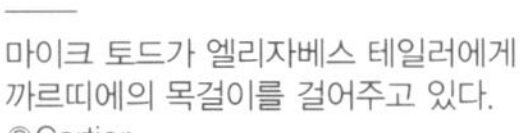

마이크 토드가 엘리자베스 테일러에게 까르띠에의 목걸이를 걸어주고 있다. ©Cartier

까르띠에의 루비와 다이아몬드로 제작된 목걸이를 착용한 엘리자베스 테일러 ©Cartier

까르띠에의 루비와
다이아몬드로 제작한 목걸이
©Cartier

## 삼각관계로 번진 러브스토리

영화 제작자인 마이크 토드는 테일러의 세 번째 남편이다. 테일러에겐 유일하게 이혼으로 끝나지 않은 배우자이기도 하다. 이들의 13개월 동안 이어진 결혼 생활은 지금까지도 사진 한 장으로 끊임없이 회자되고 있다.

배경은 뜨거운 지중해의 휴양지, 두 사람은 수영장 앞에서 즐거운 한때를 보내는 중이다. 테일러의 목과 귀에는 빨간 루비가 빛나고 있고, 상기된 표정과 기쁨에 젖은 눈동자는 태양의 열기보다 뜨거운 사랑의 감정을 말해준다. 이날은 토드가 테일러에게 까르띠에의 주얼리 세트를 선물한 날이었다. 그러나 이 행복한 장면은 1년도 지속되지 못했다. 다음 해에 토드가 비행기 사고로 유명을 달리했기 때문이다.

곧이어 펼쳐진 가수 에디 피셔와의 러브 스토리에는 '데비 레이놀즈'라는 삼각관계의 희생양이 있었다. 레이놀즈는 테일러의 오랜 친구이자 당시 피셔의 아내였다. 피셔 역시 테일러의 전 남편, 비행기 사고로 사망한 토드와 막역한 사이였다. 그런데 토드의 사고 후 테일러와 피셔 사이에 예기치 못한 감정이 싹트게 되었다. 마치 유행가 제목처럼 '친구의 친구를 사랑했을' 뿐만 아니라 바로 불륜이 시작된 것이다. 결국 피셔는 테일러의 네 번째 남편으로 이름을 올리지만, 레이놀즈 가슴에 못을 박은 그 결혼은 5년 만에 산산조각이 나 버린다. 바로 다음 남편이 될 리처드 버턴이 등장했기 때문이다.

테일러의 연애사에 큰 획을 그은 역사적인 1962년, 테일러는 로마에서 리처드 버턴과 함께 영화 〈클레오파트라〉를 찍고 있었다. 로마는

엘리자베스 테일러가 소유했던
불가리의 에메랄드 목걸이
©Bulgari

테일러의 불가리 주얼리 컬렉팅이 시작된 도시로, 테일러는 촬영장과 가까운 불가리 매장을 자주 찾았다. 또한 불가리에서도 주기적으로 영화 현장에 보석을 보냈다. 그때 버턴이 구입한 불가리의 에메랄드 반지가 아내 시빌이 아닌 테일러의 것으로 밝혀지면서 또 한 번의 격정적인 '사랑'은 그렇게 세상에 알려졌다.

같은 시기, 아직까지는 테일러의 남편이었던 에디 피셔도 테일러의 서른 번째 생일 선물로 불가리의 옐로 다이아몬드 반지와 브로치를 준비해놓은 상태였다. 하지만 테일러는 리처드 버턴에게 마음을 빼앗긴 상태였고, 분노한 피셔는 테일러에게 청구서를 보내기에 이른다. 테일러와 버턴의 새로운 사랑이 요란하게 시작됨과 동시에 양쪽 가정은 그렇게 산산조각이 났다.

불가리의 에메랄드 주얼리를
세트로 착용한 테일러
©MGM/Photofest

1964년 결혼식에서 불가리 브로치를
착용한 테일러와 버턴
©Farabolafoto

나는 그녀에게 맥주를, 그녀는 나에게 불가리를 소개했다

테일러의 다섯 · 여섯 번째 남편이 된 리처드 버턴은 불가리로 시작한 보석 공세를 끊임없이 펼쳤다. "테일러가 유일하게 할 줄 아는 이태리어는 불가리다"라는 우스갯소리를 할 정도로 테일러와 버턴 사이에는 불가리의 주얼리가 중요한 매개체가 되었다.

1964년 두 사람의 결혼식에서 테일러가 착용한 불가리의 23.44캐럿짜리 팔각형 에메랄드 브로치는 펜던트로도 활용할 수 있다. 이 브로치는 테일러의 시그너처 주얼리가 되었다.

버턴은 어떤 구실을 만들어서든 테일러에게 다이아몬드를 선물하는 것을 즐겼다. 하루는 화창한 날이라는 이유로, 또 어느 날은 산책을 가자며 보석을 안기는 식이니 그들에게겐 매일이 기념일이었을 것이다. 느

테일러-버턴 다이아몬드는 원래 반지였다.
©Cartier

1970년 아카데미 시상식에서 테일러-버턴 다이아몬드 목걸이를 착용한 테일러
©Cartier

테일러-버턴 목걸이
©Cartier

닷없이 '화요일이라 사랑해'라며 건넨 다이아몬드는 테일러가 거의 매일 착용했다는 33.19캐럿짜리 '크룹Krupp 다이아몬드' 반지다. 이 반지는 2011년 크리스티 경매에서 우리나라의 이랜드 그룹이 약 101억 원에 낙찰받았다.

이뿐만이 아니다. 버턴은 "숙녀에겐 큰 다이아몬드가 필요해요"라고 말하던 테일러에게 무려 69.42캐럿 물방울 다이아몬드 반지를 선물했다. 1966년 남아프리카 프리미어 광산에서 발견된 이 다이아몬드는 1969년에 뉴욕 해리 윈스턴에서 69.42캐럿 물방울 컷으로 연마된 후 소더비 경매에 부쳐 까르띠에의 소유가 되었다. 경매 직후 리처드 버턴은 까르띠에를 찾아가 자신에게 팔 것을 요청했다.

그렇게 그 다이아몬드는 두 사람의 인연에 쐐기를 박는 듯 '테일러-버턴'이라는 이름을 갖게 되었고, 반지치고는 지나치게 무겁다는 테일러의 뜻에 따라 목걸이로 다시 세팅되었다. 보험 규정상 공공장소에서 착용할 때는 무장 경비원 두 명이 늘 함께해야 했으니 그 가치가 어느 정도인지 짐작할 수 있다.

버턴은 이 외에도 엘리자베스 1세 여왕이 그토록 갈망하던, 한때 나폴레옹이 소유했던 자연산 진주 '라 페레그리나La Peregrina'를 비롯하여, 하트 모양의 고대 인도 다이아몬드인 '타지마할Taj Mahal' 같은 희귀한 보석들도 테일러의 품에 안겨주었다.

## 심프슨 부인의 브로치를 손에 넣다

그렇지만 버턴의 선물 목록에 언제나 거대한 보석만 있던 것은 아니었다. 탁구 시합에서 자신을 이겼다는 이유로 선물한 세 개의 겹쳐 끼는 다이아몬드 반지는 '핑퐁 다이아몬드 반지'라 불렸는데, 다이아몬드는 각각 0.1캐럿 정도의 아주 자그마한 크기였다. 이 반지는 2011년 크리스티 경매에서 추정가의 약 26배에 달하는 13만 4,500달러(약 1억 4천여 만 원)에 낙찰되는 기염을 토했다.

그러나 온갖 종류의 보석을 섭렵한 테일러도 손에 넣지 못해 안달난 존재가 있었으니, 바로 심프슨 부인이 소유한 '웨일즈의 왕자Prince of Wales'라는 다이아몬드 브로치다. 윈저 공작이 왕위까지 버리며 심프슨 부인을 택한 스토리가 담겨 있는 의미심장한 주얼리다. 브로치를 이루는 세 개의 깃털 모티브는 전통적으로 영국의 왕세자를 상징한다.

이때 테일러의 마음을 읽은 버턴은 심프슨 부인에게 똑같은 브로치를 만들어도 될지 허락을 구한다. 결국 모조품은 제작되지 않았지만, 심프슨 부인이 세상을 떠나고 1987년 소더비 경매에 나온 그 브로치를 낙찰받은 사람은 다름 아닌 테일러였다. 당시 테일러는 다이애나비에게 선물하기 위해 입찰 중이었던 영국의 찰스 황태자도 꺾는 매서운 집념을 보였다. 그리고 2011년, 두 여성의 사랑을 흠뻑 받았던 그 브로치는 크리스티 경매에서 새 소유주를 만났다. 익명의 낙찰자는 테일러가 24년 전 지불했던 금액의 두 배가 넘는 131만 4,500달러(약 14억 원)을 지불하고 브로치의 새로운 주인이 되었다.

## 모두 잠시 맡아 보호할 뿐

총 8번의 결혼과 7번의 이혼을 거친 엘리자베스 테일러와 그 숫자에 비례하는 보석이라니, 이보다 더 아찔하고도 화려한 인생이 있을까? 그러나 테일러가 사랑했던 주얼리의 양만큼 사랑과 이별로 힘들었던 시간도 상당했을 거라 짐작된다.

'결혼에 이르기까지 신랑과 신부는 세 개의 반지를 교환하는데, 인게이지먼트 링Engagement Ring(약혼반지), 웨딩 링Wedding Ring(결혼반지), 그리고 서퍼링SuffeRing(고난)'이라는 우스갯소리는 주저 없이 테일러를 떠올리게 만든다. 불같이 사랑하며 싸웠던 열정과 더불어 세기의 미녀라 불린 테일러의 완벽한 이목구비는 어떤 보석과도 잘 어울리고 오히려 보석을 빛내주던 존재로 기억되고 있다.

테일러는 저서를 통해 '훌륭한 주얼리 컬렉션을 가질 수 있었던 것은 행운이다. 하지만 그 어느 것도 내가 소유했다고 생각하지 않는다. 어떤 그림도, 어떤 예술도 영원히 소유할 수는 없다. 모두 잠시 맡아 보호할 뿐'이라고 언급하며 많은 이들이 궁금해 했던 보석에 대한 철학을 드러냈다.

2011년 뉴욕 크리스티에서는 엘리자베스 테일러의 주얼리 경매전이 열렸다. 대부분 테일러와 사랑을 나누었던 남편들이 선물한 것으로 개인 주얼리 컬렉션 부문 기록을 갱신했다. 수익금의 일부는 에이즈 재단에 기부되었는데, 입찰가가 한 번에 1억 원씩 뛰는 제품도 있었다고 한다.

테일러는 생전에 불륜의 희생양이 된 데비 레이놀즈와 화해하는 자리를 마련하기도 했다. 그리고 레이놀즈에게 자신의 사파이어 목걸이, 팔찌, 귀고리 세트를 유산으로 남겼다. 보석을 통해 진한 미안함을 표현하는 방식도 참으로 테일러다운 행보다.

## 윈저공 부부:
## 위대한 사랑, 위대한 주얼리 컬렉션

월리스 심프슨은 후에 영국의 윈저공작 부인이 되는 인물로, 온갖 스캔들의 보고寶庫이자 보석의 여왕으로서, 엘리자베스 테일러와 쌍벽을 이룬 것으로 유명하다. 심프슨이 웨일즈의 왕세자 에드워드 8세를 만났을 때는 이미 어니스트 심프슨이라는 남자의 아내인 상태였다. 게다가 미국인이고 귀족 신분도 아닌데다 한 번의 이혼 경력까지 있었다. 그러니 보수적인 영국 왕실이 공식적으로 영국 왕비가 되는 것을 허락할 리 만무했다.

결국 에드워드 8세는 1936년 심프슨과의 사랑을 지키기 위해 왕위를 버리는 초강수를 두었다. 세계를 깜짝 놀라게 한 유명한 라디오 연설과 함께 동생 요크 공에게 양위를 발표한 것이다.

"사랑하는 여인의 도움과 뒷받침 없이는 막중한 책무를 수행하기가 불가능하다는 사실을 깨달았습니다."

이들은 1937년 프랑스 캉데 성에서 왕실의 관계자가 단 한 사람도 참석하지 않은 소박한 결혼식을 올렸다. 그 후로 '에드워드 8세'가 아니라 '윈저공Duke of Windsor'으로, 그리고 심프슨은 '윈저공 부인Duchess of Windsor'으로 불렸다.

세 번째 결혼이었던 심프슨 부인은 순백의 드레스 대신 푸른 드레스를 입었다. 그날 가져온 다른 의상과 신발, 장갑 등도 모두 푸른 계열이었다. 영국 왕실에 대한 반항이라는 설이 있었는데, 이후 이 드레스의 색은 '심프슨 블루'로 불릴 정도로 유명세를 탔다. 특히 그들의 사랑에 공감하고 파격적인 행보를 지지하는 사람들 사이에서는 유행색이 되었다.

부부는 이후 망명객이 되어 프랑스에 정착했다. 그러나 보통 생각하는 고달픈 망명 생활이 아니라 파티와 셀러브리티들로 둘러싸인 화려하고도 풍족한 소위 '제트족'의 삶이었다. 심프슨 부인은 일하는 사람을 18명씩 두고 최고급 디자이너의 의상을 맞춰 입었다. 그리고 주얼리는 부부에게 인생을 기념하는 방법이자 동반자가 되었다. 윈저공은 결혼 전이나 후에도 지속적으로 까르띠에와 반클리프 아펠 같은 유명 하우스에서 부인을 위한 주얼리를 주문했다.

윈저공이 심프슨 부인을 만난 지 얼마 되지 않았을 때의 일화는 보석에 대한 그의 신념과 태도를 단적으로 보여준다. 결혼 전 오페라 극장의 로얄 박스에 나타난 심프슨 부인은 블랙 드레스에 녹색과 흰색으로 반짝거리는 휘황찬란한 주얼리를 하고 있었다. 사람들은 크고 화

1953년 6월 베르사이유 궁전에서 열린 무도회에 참석한 윈저공 부부. 심프슨 부인은 1947년 까르띠에가 자신을 위해 자수정, 터키석, 다이아몬드로 제작한 목걸이를 착용하고 있다.
©Rue des Archives

18캐럿과 20캐럿 트위스트 골드, 플래티넘, 브릴리언트 컷(또는 바게트 컷)
다이아몬드, 자수정, 터키석으로 제작한 목걸이
까르띠에 파리, 스페셜 오더, c.1947
©Nick Welsh/Cartier

려하게 빛나는 그 보석이 당연히 코스튬 주얼리일 것이라 단정지었다. 그러나 그것은 진짜 에메랄드와 다이아몬드였을 뿐 아니라 당대 가장 유명한 주얼러인 까르띠에의 크리에이티브 디렉터 쟌느 투생과 반클리프 아펠의 르네 생 라카즈의 작품이었다. 모두 윈저공의 선물이었으니 그는 연애 초기부터 심프슨 부인을 값비싼 보석으로 꾸며주고 이를 통해 자부심을 느꼈던 것이다.

윈저공은 남자임에도 주얼리와 패션에 대한 감각이 뛰어났을 뿐 아니라 언제나 지대한 관심을 가지고 있었다. 따라서 평생 부인과 함께 주얼리 디자인에 대해 논하는 것을 즐겼다. 희귀한 보석을 구하면 주얼러를 찾아가 몇 시간이고 디자인에 대해 상담했고, 세팅의 작은 디테일 하나하나까지도 관여했다고 한다. 그래서인지 심프슨 부인의 주얼리는 독특한 디자인과 거대한 크기를 모두 만족시키는 독보적인 컬렉션으로 유명하다.

## 보석을 더욱 특별하게 만드는 메시지

윈저공은 국왕으로서 11개월의 짧은 재위 기간 중에도 심프슨 부인에게 의미 있는 보석을 선물했다. 심프슨 부인의 40세 생일 선물로 플래티넘, 화이트 골드, 다이아몬드로 제작한 목걸이에 루비로 만든 비대칭 태슬이 달린 목걸이를 반클리프 아펠에서 주문했다. 그리고 '나의 윌리스에게 데이비드가My Wallis from her David 19.VI.36.'라는 문구를 각인했다.

심프슨 부인의 주얼리에는 이렇게 메시지가 새겨진 것이 많다. 사

플라밍고 브로치, 까르띠에 파리
c.1940
©Nils Herrmann/Cartier

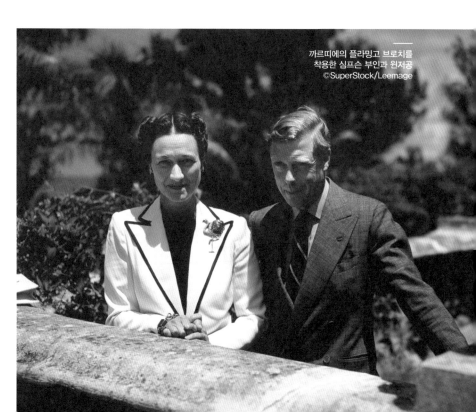

까르띠에의 플라밍고 브로치를
착용한 심프슨 부인과 윈저공
©SuperStock/Leemage

람들은 그 메시지가 보석을 더욱 특별하게 만들었다며 높이 평가했고, 실제로도 그런 스토리는 가치를 높였다. 그러나 주얼리에 각인을 하는 관습은 원래 영국 왕실의 전통이라고 한다. 그가 왕위를 포기하고 심프슨 부인에게 청혼할 때 준 19.77캐럿 에메랄드 반지에도 "We are ours now 27×36"라는 문구가 각인되어 있다. 27×36는 에드워드가 프로포즈한 1936년 10월 27일을 줄여 쓴 것이다.

심프슨 부인은 평소 브로치와 팔찌를 즐겨 착용했다. 오죽하면 의상의 소매를 짧게 줄여서 팔찌를 가리지 않도록 했을까! 그중 가장 애착을 가진 팔찌는 까르띠에의 '십자가 참 팔찌'다. 사파이어, 루비, 다이아몬드, 아쿠아마린 등으로 구성되어 있는 9개의 십자가 참은 이 부부의 1924년부터 1944년까지의 특별한 날들을 기념한 것이다.

## 주얼리에 대한 부부의 심미안

심프슨 부인이 그렇게 평생을 모은 주얼리는 역사상 가장 화려하고 아름다운 컬렉션 중 하나로 평가된다. 윈저공의 안목도 훌륭했지만 심프슨 부인의 주얼리에 대한 심미안과 감각 역시 워낙 뛰어났기 때문이다. 반클리프 아펠의 대표작 '지퍼 네크리스'에도 심프슨 부인의 감각이 담겨 있다. 심프슨 부인은 1938년 반클리프 아펠의 크리에이티브 디렉터였던 르네 퓌상에게 지퍼의 기술적인 요소를 활용한 목걸이를 만들 것을 제안했다. 지퍼를 닫았을 때와 열었을 때 모양이 확연히 다른 데서 아이디어를 착안한 것이다.

1951년 마침내 반클리프 아펠의 완벽한 장인정신이 깃든 다이아몬드 지퍼 목걸이가 완성되었다. 지퍼를 닫았을 때는 팔찌로, 열었을 때는 목걸이로 사용할 수 있었다. 심프슨 부인의 창의적인 아이디어를 반영한 디자인이 오늘날 반클리프 아펠을 대표하는 컬렉션의 밑받침이 된 것이다. 영화 〈킹스 스피치〉에서도 심프슨 부인 역할을 맡은 배우가 이 지퍼 네크리스를 착용한 장면이 나온다. 깊게 파인 드레스의 등 뒤로 매끄럽게 흘러내려온 목걸이의 존재감은 '씬 스틸러' 역할을 톡톡히 해냈다.

심프슨 부인의 아이디어가
반영된 지퍼 네크리스
©FD Gallery

유명 주얼리 하우스의 아틀리에에 접근할 수 있었던 까닭에 심프슨 부인의 주얼리 컬렉션은, 모방하기 어려울 정도로 독특한 디자인이 대부분이다. 특히 준보석과 귀보석을 섞는 취향은 당시로서는 매우 앞서가는 감각이었다. 제2차 세계대전이 발발하자 당분간 고품질의 보석 수급이 어려워져 기존의 보석을 재활용하기도 했다. 심프슨 부인이 공들여 수집한, 까르띠에의 잔느 투생이 디자인한 호랑이나 플라밍고 브로치 같은 동물 컬렉션도 당시 유행에 큰 영향을 미쳤다.

심프슨 부인이 소유했던 팬더 브로치.
까르띠에 파리, 스페셜 오더
©Nick Welsh/Cartier

심프슨 부인의 동물 주얼리 수집에 대해 이야기할 때면 까르띠에의 팬너Panthére(표범) 컬렉션을 반드시 짚고 넘어가야 한다. 팬더 컬렉션은 루이 까르띠에와 잔느 투생의 사랑이 만들어낸 결실이었다. 정복당하지 않는 도전 정신과 신비롭고 우아한 매력을 상징하는 표범은 잔느 투생의 별명이기도 했는데, 컬렉션의 여러 주얼리 중에서 팬더 브로치를 가장 먼저 주문한 사람이 바로 심프슨 부인이었던 것이다. 투생이 창조한 팬더 컬렉션은 까르띠에를 대표하는 모티브로 지금까지 큰 사랑을 받고 있다.

심프슨 부인의 휘황찬란한 보석은 수난도 한 차례 겪었다. 1946년 부부가 더들리 백작의 저택이던 에드남 롯지에 머무는 동안 도난사고를 당한 것이다. 도둑은 다른 물건은 건드리지 않은 채 부인의 트렁크에서 보석만 훔쳐갔다. 때문에 윈저공이 부인에게 선물한 '로열패밀리의 주얼리'를 되찾기 위해서 영국 왕실이 지시한 것이라는 루머가 돌기 시작했다. 후에 진범이 잡히고 나서야 왕실에서 배후 조종을 한 것이 아니라 단독 범행임이 밝혀졌지만, 그런 음모론이 퍼질 정도로 심프슨 부인과 동서인 조지 6세의 부인 엘리자베스 왕비와의 충돌과 반목은 끝까지 이어졌다.

사랑 앞에서 자신의 왕위까지 포기한 윈저공과 그의 마음을 사로잡은 심프슨 부인. 심프슨 부인은 보는 시각에 따라 두려움이 없는 모험가이자 스타일의 아이콘이자 자유로운 영혼이다. 그리고 그들의 외로웠던 삶을 풍성하게 만들어준 보석과 함께 역경을 이겨낸 부부의 열정은 아직도 지속되고 있다.

## 그레이스 켈리:
## 그레이스 오브 모나코

그레이스 켈리는 칸 영화제로 인해 인생의 극적인 전환점을 맞은 인물이다. 1955년 칸 영화제에 초청을 받은 켈리는 차로 한 시간 거리인 모나코를 방문했고, 그곳에서 레니에 3세를 만나 영화보다 더 영화 같은 러브 스토리의 주인공이 되었다.

모나코를 방문한 그레이스 켈리에게 첫눈에 반한 레니에 3세의 경우도 마찬가지다. 170센티미터의 훤칠한 키에 빛나는 금발, 머리끝부터 발끝까지 우아한 자태에 그 누가 반하지 않을 수 있으랴. 마침내 레니에 3세는 까르띠에의 10.47캐럿짜리 다이아몬드 반지로 켈리에게 청혼했고, 화답하듯 켈리는 영화 〈상류사회〉에 이 반지를 끼고 출연했다.

### 에메랄드 컷 다이아몬드 약혼반지

1951년 〈14시간〉으로 데뷔 후 1956년 〈상류사회〉까지 총 11편의 영화에 출연한 할리우드의 여배우 그레이스 켈리는 그렇게 모나코 왕국의 왕비가 되었다. 배우로서의 시간은 총 5년뿐이었으나 히치콕 감독의 뮤즈일 정도로 귀족적인 외모와 뛰어난 패션 감각은 켈리의 이름에 아우라를 더했다. 1956년 결혼과 함께 은막을 떠나 한 남자의 여인으로 살았고, 그 후 지금까지도 역사상 가장 우아한 여성으로 꼽힌다.

까르띠에 레드 박스에 놓여 있는
그레이스 켈리의 약혼 반지.
10.47캐럿이 에메랄드 컷 다이아몬드다.
©V. Wulveryck/Cartier

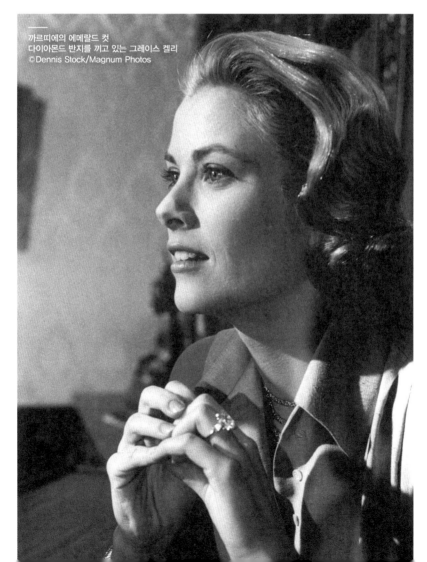

까르띠에의 에메랄드 컷
다이아몬드 반지를 끼고 있는 그레이스 켈리
©Dennis Stock/Magnum Photos

켈리의 보석 컬렉션은 사실상 까르띠에와의 긴밀한 관계 속에, 레니에 3세와의 사랑이 시작되던 1955년부터 사고로 유명을 달리 한 1982년까지의 풍성한 스토리를 담고 있다. 까르띠에와 모나코 왕실은 이미 1920년 알버트 1세 시절부터 특별한 관계를 유지해왔다. 하지만 이를 더욱 특별하게 만든 것은 그레이스 켈리였다.

레니에 3세는 켈리를 위한 약혼반지부터 결혼 선물로 준비한 다이아몬드와 루비 티아라, 세 줄짜리 다이아몬드 목걸이, 그 외 여러 브로치 등을 까르띠에를 통해 특별 주문했다. 그중 사람들의 관심은 앞서 언급한 10.47캐럿짜리 에메랄드 컷 다이아몬드 약혼반지에 가장 많이 쏠렸다. 단지 보석의 거대한 크기 때문에 유명세를 탄 것은 아니었다. 켈리를 닮은 듯 우아하면서 시원스러운 직사각형의 '에메랄드 컷'이, 서늘하게 세련된 켈리의 이미지에 제대로 부합했기 때문이다. 게다가 양 옆으로 장식된 작은 악센트 다이아몬드 역시 직사각형의 바게트 컷이었다.

그런데 사실 레이니 3세가 애초에 켈리에게 프로포즈한 반지는 작은 다이아몬드와 루비가 촘촘히 세팅된 까르띠에의 이터니티 반지 eternity ring(다이아몬드로 밴드를 빈틈없이 세팅한 스타일로 줄지어 이어지는 다이아몬드들이 영원한 사랑을 상징한다)였다. 이미 프로포즈를 한 상태에서 로스앤젤레스를 방문한 레이니 3세는 할리우드 여배우들의 손 위에서 빛나는 거대한 다이아몬드를 보고 충격을 받았다. 그렇게 부랴부랴 까르띠에에 새로 주문을 넣은 것이 그 유명한 10.47캐럿 다이아몬드 반지다.

## 우아함을 초월한 주얼리 컬렉션

켈리는 가끔은 우아함이라는 트레이드마크에서 벗어나 위트 있는 디자인의 주얼리도 애용했다. 까르띠에의 270개 다이아몬드로 파베 세팅된 푸들 모양의 브로치부터 진주 달걀을 품은 닭 브로치와 반클리프 아펠의 고슴도치 브로치까지 켈리가 착용하면 저절로 우아해져버렸다. 영화 〈그레이스 오브 모나코〉에서 파리에 있는 까르띠에 부티크를 방문하는 장면을 보면 켈리 역의 니콜 키드먼이 이 푸들 브로치를 착용하고 있다.

그레이스 켈리의
까르띠에 푸들 브로치
©Les Archives du Palais Princier de Monaco

플래티넘, 골드, 브릴리언트 컷(또는 바게트 컷) 다이아몬드로 제작한 세 점의 클립 브로치.
총 무게 약 49캐럿에 달하는 루비 캐보션이다. 이 클립 브로치들은 티아라에 고정되도록 디자인된 것이다.
까르띠에 파리, c.1955
©Les Archives du Palais
Princier de Monaco

이 외에도 라운드 컷과 바게트 컷 다이아몬드가 세팅된 세 줄짜리 목걸이와 팔찌, 여러 겹의 진주 목걸이, 세 점의 다이아몬드와 루비 브로치, 이어 클립 등이 그레이스 켈리를 대표하는 시그너처 주얼리다. 켈리가 즐겨 입던 트윈 니트나 카프리 팬츠, 셔츠 웨이스트 드레스에 주얼리는 언제나 우아한 포인트가 되었다.

켈리는 1955년부터 모나코 왕실의 공식 주얼러가 된 반클리프 아펠의 주얼리 역시 즐겨 착용했다. 1978년 딸 캐롤라인 그리말디의 결혼식에서 켈리가 착용했던 유명한 물방울 컷과 마퀴즈 컷 다이아몬드 티아라도 반클리프 아펠의 작품이다. 켈리는 총 77캐럿의 다이아몬드가 장식된 이 티아라를 통해 왕족의 기품이란 무엇인지를 여실히 보여주었다.

1960년대 말부터는 반클리프 아펠의 알함브라 컬렉션도 즐겨 착용하기 시작했다. 레니에 공이 녹색과 오렌지색을 좋아하는 켈리를 위해 말라카이트와 산호로 된 알함브라 모티브의 소투아르와 펜던트를 선물한 것이다. 2013년 반클리프 아펠에서 말라카이트 알함브라 컬렉션을 다시 선보였을 때 사람들은 1974년에 제작된 켈리의 알함브라 목걸이를 추억했다.

## 모나코 왕비의 가혹한 운명

그렇게 우아하고 화려한 인생의 주인공이던 켈리도 가혹한 운명은 피할 수 없었다. 1982년 막내딸인 스테파니 공주와 차를 타고 가다 교통사고로 사망한 것이다. 그때가 불과 53세였다. 장례식장에서 펑펑 울던 레니에 국왕은 그 후 홀로 지내다 2005년에 세상을 떠났다.

그런데 30여 년간의 결혼 생활 끝에 찾아온 켈리의 죽음에 냉정한 음모론이 끊이지 않았다. 1918년 모나코와 프랑스가 맺은 조약에서 모나코는 후사가 끊길 경우 프랑스로 귀속된다는 조항이 있었다고 한다. 레니에 3세는 당시 독신으로 후사가 없어 프랑스에 귀속당할 위기에 놓인데다 경제난까지 겹친 상태였다. 이에 할 수 없이 선택한 카드가 바로 할리우드 배우와의 결혼이었다는 것이다.

결국 모나코가 세계적인 관광도시로 발돋움할 수 있었던 데는 철저하게 만들어진 정략결혼이 결정적 역할을 했고, 켈리의 죽음도 단순 교통사고가 아니라 왕실 생활에 적응하지 못한 켈리가 술과 남자에 빠지자 왕실에서 내쳤다는 내용이었다. 그리스의 선박 왕 애리스토틀 오나시스가 당시 모나코의 해운업을 지배하고 있었는데 모나코의 부흥을 위해 이 모든 것을 직접 주선했다는 루머였다. 영화 같은 삶을 살았고, 세 아이의 어머니이자 패션 아이콘으로서도 깊은 족적을 남긴 켈리에게는 모진 형벌 같은 소문이다.

현재 모나코는 부부의 아들인 알베르 2세가 왕위를 계승한 상태다. 그는 2011년 남아프리카 공화국 국가대표 수영선수 출신 샬린 위트스톡과 화려한 결혼식을 올렸는데 눈부신 샬린의 미모와 주얼리 역시 그레이스 켈리 때 못지않게 화제가 되었다. 샬린은 모나코 왕가의 공식 주얼러인 레포시의 물방울 모양 다이아몬드 반지로 프로포즈를 받았다. 호사가들은 시어머니의 에메랄드 컷 반지와 며느리의 페어 컷 반지를 종종 비교한다.

2014년 영화 〈그레이스 오브 모나코〉에서는 까르띠에가 주얼리를 맡았다. 그리고 오리지널 피스를 재현한 다섯 점의 주얼리를 착용하는 영광을 누린 니콜 키드먼은 켈리의 기품과 우아함을 재해석했다. 시대와 시간을 초월한 그레이스 켈리의 매력 안에는 그렇게 주얼리가 있었고, 이를 남다른 사랑의 증표로 만든 생명력 넘치는 이야기는 상상만으로도 우리에게 행복한 판타지를 선사한다.

## 재클린 케네디 오나시스: 세기의 패션 아이콘, 재클린의 주얼리

31세의 나이에 미국의 35번째 영부인으로, 동시에 세계적인 패션 아이콘으로 등극한 재클린 케네디 오나시스. 모자에서 핸드백과 주얼리까지 재클린이 트렌드세터로서 만들어낸 '재키룩'은 지금까지 영원한 클래식으로 사랑받고 있다. 특히 많은 이들을 매료시킨 재클린의 주얼리 컬렉션은 대부분 첫 남편 존 F. 케네디와 두 번째 남편 애리스토틀 오나시스에게 받은 재클린의 인생을 꿰뚫는 상징이다.

사실 패셔니스타로서 재클린의 모습만큼이나 사람들의 뇌리에 강하게 박혀 있는 건 남편인 케네디 전 미국 대통령에 관한 일화다. 퍼레이드 중 암살당한 충격적인 사건뿐 아니라, 존경받는 젊은 대통령이었음에도 마릴린 먼로와의 염문설과 건강 문제 등으로 바람 잘 날이 없었기 때문이다. 그러나 10년간의 결혼 생활에도 사랑으로 가슴 벅찬 순간이 있었고, 그 흔적은 사연이 담긴 주얼리로 고스란히 남아 있다.

### 재키룩의 완성, 재클린의 주얼리

티파니의 '재키 브레이슬릿'은 영부인 시절 재클린의 라이프스타일 코드를 대변한다. 전설적인 아티스트 장 슐럼버제가 1962년에 디자인한 이 팔찌는 19세기의 빠이요네[Paillonné](금속 표면에 금박이나 은박 호일을 붙인 후 그 위에 반투명의 에나멜을 칠하는 기법) 방식을 재현한 것이다. 당시

친한 친구인 레이첼 버니 멜론이 화이트 에나멜에 다이아몬드와 골드 장식이 박힌 첫 에디션을 선물했는데, 얼마나 마음에 들었던지 재클린은 후에 코발트블루 컬러를 추가로 구입했다.

팔찌는 평소 즐겨 입던 민소매의 시스 드레스를 돋보이게 만드는 탁월한 패션 아이템이었다. 재클린은 당대 패션 피플의 '머스트 해브' 주얼리가 될 정도로 이 팔찌를 애용했다. 유명 패션 에디터인 다이애나 브릴랜드는 19세기의 에나멜 아트를 부활시킨 슐럼버제를 극찬했다.

세 줄짜리 모조진주 목걸이 역시 재키룩을 대표하는 주얼리다. 재클린은 수많은 진주 목걸이를 소유했지만, 케네스 제이 레인이 체코슬로바키아산 글라스로 만든 이 모조진주 목걸이를 가장 즐겨 착용했다. 아르데코 모티브의 크리스털 장식이 달린 이 목걸이는 당시 두 살배기이던 존 F. 케네디 주니어가 재클린의 품에서 잡아당기고 있는 사진으로도 유명하다. 오프 숄더 드레스뿐 아니라 라운드 넥과 브이넥 등 모든 의상에 어울리는 전천후 아이템으로 주로 버튼 형태의 진주 귀고리를 곁들여 단아한 분위기를 연출했다. 재클린은 주얼리에 있어서 언제나 과하지도 모자라지도 않은 스타일을 유지했다.

반클리프 아펠의 망치 자국이 두드러진 골드 커프 팔찌 또한 인상적인 주얼리다. 1970년대 반클리프 아펠은 고대 그리스의 금세공 방식에서 영감을 얻어 수공 작업이 여실히 드러나는 볼드한 팔찌를 한정판으로 제작했다. 달 표면을 연상하게 하는 우둘투둘한 표면 처리는 미 우주인들이 인류 최초로 달에 발자국을 남긴 것을 기념하는 상징적인 시도였다. 재클린이 1977년 무하마드 알리와 함께 대중 앞에 이 커

빠이요네 에나멜 기법으로
제작한 재키 브레이슬릿
©Tiffany & Co.

망치 자국이 두드러진
반클리프 아펠의 골드 팔찌
©FD Gallery

프와 세트 귀고리를 착용하고 등장했고, 세련되고 우아한 모습에 사람들은 열광했다. 팔찌가 1996년 소더비 경매에 나왔을 때 전문가들은 1,500달러에서 2천 달러를 예상했으나, 무려 84배인 16만 7,500달러(약 1억 8천여 만 원)에 낙찰되었다.

## 부부의 러브 스토리가 담긴 보석

첫 남편인 케네디와의 사연이 담겨 있는 가장 유명한 주얼리로는 장 슐럼버제가 디자인한 티파니의 '베리 브로치Berry Pin'가 꼽힌다. 한창 대통령 취임 준비로 바쁜 와중에도 케네디는 이 브로치를 주문하기 위해 직접 뉴욕을 방문했다. 재클린에게 백악관 입성 전 깜짝 선물로 안겨주기 위해서였다. 재클린은 남편의 대통령 취임이라는 의미가 담긴 이 브로치를 매우 자랑스러워 하여 영부인으로서 첫 해외 순방시 착용했다. 루비와 다이아몬드로 구성된 이 사랑스러운 브로치에 재클린은 손수 '마이 베리 핀My Berry Pin'이라는 애칭까지 붙였다. 현재는 보스턴의 케네디 대통령 라이브러리 안에 전시되어 있다.

좀 더 낭만적인 스토리가 담긴 주얼리로는 케네디가 결혼 10주년 선물로 주문한 에메랄드 반지가 있다. 결혼 당시 에메랄드 약혼반지를 디자인한 반클리프 아펠의 작품이다. 에메랄드는 아일랜드의 에메랄드 섬을(케네디는 아일랜드계 이민 4세다), 10개의 보석은 부부의 결혼 햇수인 10년을 상징한다. 반지는 10개의 스톤이 원의 형태로 연결된 이터니티 반지다.

화려한 주얼리보다 여성스럽고
정갈한 주얼리를 애용했던 재클린

재클린은 이 반지를 웨딩 밴드와 함께 착용했는데, 후에 에메랄드 두 개를 빼서 추가로 두 개의 솔리테어 반지solitaire ring(메인 보석을 부각시키기 위해 보조석을 없앤 심플한 디자인의 반지)를 만들면서 다시 세팅했다. 그렇게 파생된 반지 두 개는 딸 캐롤라인과 아들 케네디 주니어의 몫이 되어 최종적으로 가족 반지를 이루었다. 성인이 된 케네디 주니어는 아내 캐럴린 베셋에게 결혼 전날 이 반지를 선물했다. 그러나 불의의 사고로 주인을 잃게 된 이 반지는 현재 캐롤라인이 보관하고 있다.

케네디 부부의 안타까운 사연이 담긴 주얼리도 있었다. 1963년 10월 케네디는 재클린에게 크리스마스 선물로 특별한 주얼리를 제작하기로 결심했다. 역시 뉴욕의 반클리프 아펠을 방문하여 작은 다이아몬드 20개가 장식된 47캐럿짜리 쿤자이트 반지를 골랐다. 재클린이 좋아하는 밝고 연한 핑크색을 띤 쿤자이트가 단번에 케네디의 마음을 사로잡은 것이다. 함께 세팅된 20개의 다이아몬드는 함께 보낸 10번의 크리스마스와 앞으로 맞이할 10번의 크리스마스를 의미했다.

그렇게 부부만의 스토리를 담아 완성된 반지는 11월 초 백악관으로 배달되었고, 케네디는 편지와 함께 비서에게 맡겨두었다. 그러나 몇 주 후 케네디가 달라스에서 암살되면서 그 반지는 재클린을 향한 마지막 선물이 되고 말았다. 거의 1년에 가까운 애도 기간 동안 주얼리를 착용하지 않던 재클린도 그 반지만은 항상 지녔다고 한다. 그리고 1996년 소더비 경매에서 '받지 못한 선물'이라는 슬픈 타이틀과 함께 41만 5천 달러(약 4억 7천여 만 원)에 익명의 낙찰자에게 팔렸다.

## 선박왕 오나시스와의 재혼

케네디의 충격적인 사망 후 5년 만에 재클린은 23살 연상인 그리스의 선박왕 오나시스와 재혼을 발표했다. 이에 미국인들은 경악했다. 그들이 사랑하던 전 영부인의 재혼 소식은 상실감 그 자체였던 것이다. 그러나 재클린은 당시 남편에 이어 시동생인 로버트마저 암살당한 상태에서 아이들을 안전하게 보호하고 싶은 마음뿐이었다. 그렇게 1968년 40.42캐럿의 '레소토 쓰리Lesotho III' 다이아몬드 반지를 건넨 오나시스와 부부가 되었다.

솔직히 등급상으로는 별 볼일 없는 'L 컬러에 VS2 투명도', 마퀴즈 컷의 '레소토 쓰리' 다이아몬드 반지가 유명한 이유는 601캐럿짜리 '레소토'라는 역사적인 원석에서 나온 18개의 다이아몬드 중 하나이기 때문이다. 레소토는 1967년에 남아프리카에서 발견된 거대한 원석이다. 이를 뉴욕의 해리 윈스턴이 구매해서 총 18개의 스톤으로 연마했다. 18개로 분리되기 전까지는 박물관에 전시되었고, 연마 장면이 텔레비전으로 생중계되기도 했을 정도로 화제를 불러일으켰다.

그 다이아몬드가 재클린의 손에 끼워진 순간부터 재클린은 케네디라는 성보다 '재키 오'라는 별칭에 익숙해져야 했다. 동시에 전직 대통령 부인으로서의 비밀 경호도 중지되었음을 의미했다. 이 반지는 재클린의 주얼리 중에 가장 비싸면서 또 가장 적게 착용한 것으로도 유명하다. 재클린은 단 두 번만 착용한 후 뉴욕에 있는 은행 금고에 넣어두었다고 한다. 그리고 1996년 소더비 경매에서 두 명의 입찰자가 치열하게 경쟁한 끝에 250만 달러(약 26억 9천만 원)에 팔렸다.

## 재클린의 두 약혼반지

보석에 있어서 오나시스는 케네디와 신념이 전혀 달랐다. 1968년 재클린이 가족들과 함께 오나시스의 요트로 크루즈 여행을 할 때, 오나시스는 화장대에 위에 열려 있는 채 놓인 재클린의 보석함을 보았다. 그런데 그 안에 담긴 보석이 생각보다 양이 적고 보잘것없다는 사실에 오나시스는 깜짝 놀랐다. 오나시스는 즉시 파리에 있는 반클리프 아펠에 연락해 재클린이 크게 감동할 만한 선물을 보내달라 요청했고, 반클리프 아펠은 당시 8만 달러짜리(요즘으로 치면 50만 달러 이상) 루비 팔찌를 보내왔다.

그러고 보니 재클린은 약혼반지를 두 개 받은 셈인데, 첫 반지는 '재클린 리 부비에'였던 처녀 시절, 상원의원이던 케네디에게 청혼받을 때 받은 2.88캐럿 다이아몬드와 2.84캐럿 에메랄드가 같이 세팅된 것이다. 이 반지는 1953년 여름 시아버지인 조지프 케네디가 반클리프 아펠에서 직접 골랐다고 한다. 앞에서 언급한 대로 케네디 가문은 아일랜드계 출신이라 에메랄드를 중요한 상징으로 여겼다. 꼭 그 이유 때문만은 아니더라도 아버지가 아들의 청혼반지에 관여하는 게 놀랄 만한 집안은 아니었다.

그런데 허망하게도 재클린의 두 번째 결혼도 오래가지 못했다. 오나시스가 사망한 후 재클린은 46세에 다시 미망인으로 돌아와 뉴욕에서 여생을 출판 사업가로 보냈다.

재클린은 백악관 안주인이자 세계적인 부호의 아내, 그리고 사업가로서 살았다. 사람들이 꿈꾸는 그토록 화려한 삶은 다 누렸음에도 온갖 루머와 사건의 중심에서 절정과 쇠락을 연거푸 맞아야 했던 재클린은 과연 얼마만큼의 행복을 누리고 갔을지 궁금하다.

## 다이애나 왕세자비:
## 다이애나가 사랑한 블루 사파이어와 진주

1981년 7월 29일, 텔레비전을 통해 전 세계로 생중계된 다이애나 스펜서와 웨일스공 찰스의 결혼식, 두 사람의 동화 같은 스토리는 많은 이들에게 대리만족을 선사한 '세기의 결혼'으로 불렸다. 그러나 사람들이 꿈꾸던 해피엔딩은 결국 이루어지지 않았고, 왕실과 결별한 후 이집트 출신의 도디 알 파예드와 새로운 로맨스에 빠진 다이애나는 1997년 파리에서 차 사고로 사망하는 비극적 사건의 주인공이 되고 말았다.

### 블루 사파이어 약혼 반지

영국 왕실의 왕세자비답게 다이애나는 생전 수많은 보석을 소유했고 본인의 이미지 메이킹 도구로도 똑똑하게 활용했다. 특히 다이애나의 트레이드마크인 짧은 헤어스타일을 받쳐주는 스터드 형태나 드롭 형태의 귀고리는 언제나 함께했다. 다이애나는 귀고리를 초커 형태의 짧은 목걸이와 함께 착용했을 때 자신의 얼굴이 가장 빛난다는 것도 잘 알고 있었다.

다이애나의 주얼리 중에서 가장 널리 회자되는 것은 역시 며느리 케이트 미들턴의 약혼반지로도 유명한 12캐럿 스리랑카산 블루 사파이어 반지다. 그런데 사실 찰스 황태자가 다이애나에게 청혼할 당시에는 그 반지가 준비되어 있지 않았다고 한다. 다이애나가 청혼을 받아들인 후에야 1843년부터 왕실의 공식 주얼러였던 가라드에서 4만 달러(약 4,400만원)짜리 반지를 골랐고, 1981년 2월 그들의 약혼은 공식화되었다.

왕실의 다른 주얼리에 비하면 그 반지는 전혀 특별할 것이 없었다. 본래 다이애나를 위해 특별히 제작한 것이 아니라 가라드의 일반 컬렉

다이애나 스펜서와 찰스 황태자(우), 그리고 케이트 미들턴과 윌리엄 왕자(좌)의 약혼 직후 모습 비교. 사파이어와 다이아몬드로 제작된 똑같은 약혼반지를 착용하고 있다.

션 중 하나였기 때문이다. 다이애나가 사파이어 반지를 원한다는 의사를 표명한 상태에서 가라드에서 보여준 6개의 반지 중에서 고른 것뿐이다. 그 반지를 고른 이유를 두고도 말이 많은데, 14개의 다이아몬드로 사파이어를 둘러싼 모양이 친정어머니의 약혼반지와 비슷해서 선택한 것이라는 의견이 우세하다. 30년 후, 이 반지는 케이트 미들턴의 약혼반지가 되면서 더욱 유명세를 탔다. 2011년에서 2012년 사이에 세계적으로 최상급 블루 사파이어의 수요가 급증했을 정도라고 하니, 새로운 왕세자비를 통해 다이애나를 추억하려는 세상의 관심을 읽을 수 있다.

이 반지는 디자인이 중간에 한 번 바뀌었다. 다이애나가 약혼했을 당시에는 사파이어를 받치는 프롱prong(발)이 코너에 두 개씩 총 8개뿐이었다. 1981년 리세팅을 하면서 프롱 6개를 촘촘하게 추가해 현재의 모습이 되었다.

사실 이 반지에는 또 하나의 사연이 있다. 원래 장남 윌리엄이 아닌 차남 해리가 물려받았던 유품이었던 것이다. 다이애나가 사망한 후 형제는 어머니를 추억할 유품을 고르는데 당시 열두 살이던 해리는 이 사파이어 반지를, 열다섯 살이던 윌리엄은 다이애나가 이혼한 후에 항상 착용했던 까르띠에의 시계를 택했다. 그리고 형제는 먼저 결혼하는 사람이 어머니의 사파이어 반지로 청혼할 것을 약속했다. 윌리엄이 먼저 결혼하게 되어 2010년 두 사람은 약속대로 어머니의 유품을 교환했고, 반지는 윌리엄의 차지가 되었다.

## 스펜서 가문의 진주 사랑

이 반지 외에도 찰스 황태자가 결혼 10주년 선물로 건넨 참 팔찌의 스토리도 흥미롭다. 그는 윌리엄 왕자의 탄생을 기념해서 W 참을, 2년 후 해리 왕자의 탄생을 축하하는 의미로 H 참을 선물했다. 한때 발레리나를 꿈꾸었던 다이애나를 위해 발레슈즈 참을, 또 다이애나가 가장 즐기는 스포츠가 테니스란 이유로 테니스 라켓 참을 선물하기도 했다. 폴로모자 참 역시 다이애나의 폴로에 대한 애정을 반영한 것이고, 세인트 폴 대성당 미니어처 참은 그들이 결혼식을 올린 장소를 뜻했다. 팔찌에는 이 밖에도 평소 테디베어 수집가였던 다이애나를 위한 곰 참과 뉴욕 맨해튼에 대한 사랑을 뜻하는 사과 참도 달려 있었다. 다이애나는 웬만해서는 이 팔찌를 공식적인 자리에서 착용하지 않았는데, 자신의 결혼 생활이 고스란히 담긴 지극히 개인적인 의미를 상징하는 증표였기 때문이다.

다이애나는 진주 애호가로, 셀 수 없을 정도로 다양한 진주 초커 목걸이와 귀고리를 착용한 모습이 언론을 통해 포착되었다. 물론 모두가 다이애나의 것은 아니었다. 상당 부분 왕실의 소유였기 때문에 착용 후 시어머니인 엘리자베스 2세 여왕에게 반납하는 경우도 많았다.

그중 진주 7줄과 다이아몬드로 장식된 커다란 사파이어 초커는 뜻밖의 이유에서 유명해졌다. 원래 이 사파이어는 엘리자베스 여왕이 다이애나에게 약혼 선물로 준 브로치의 메인 보석이었다. 평소 브로치를 즐겨 착용하지 않았던 다이애나는 진주를 추가해서 초커로 리세팅했고, 이후 수많은 공식 석상에서 착용했다. 친정인 스펜서 가문의 여성

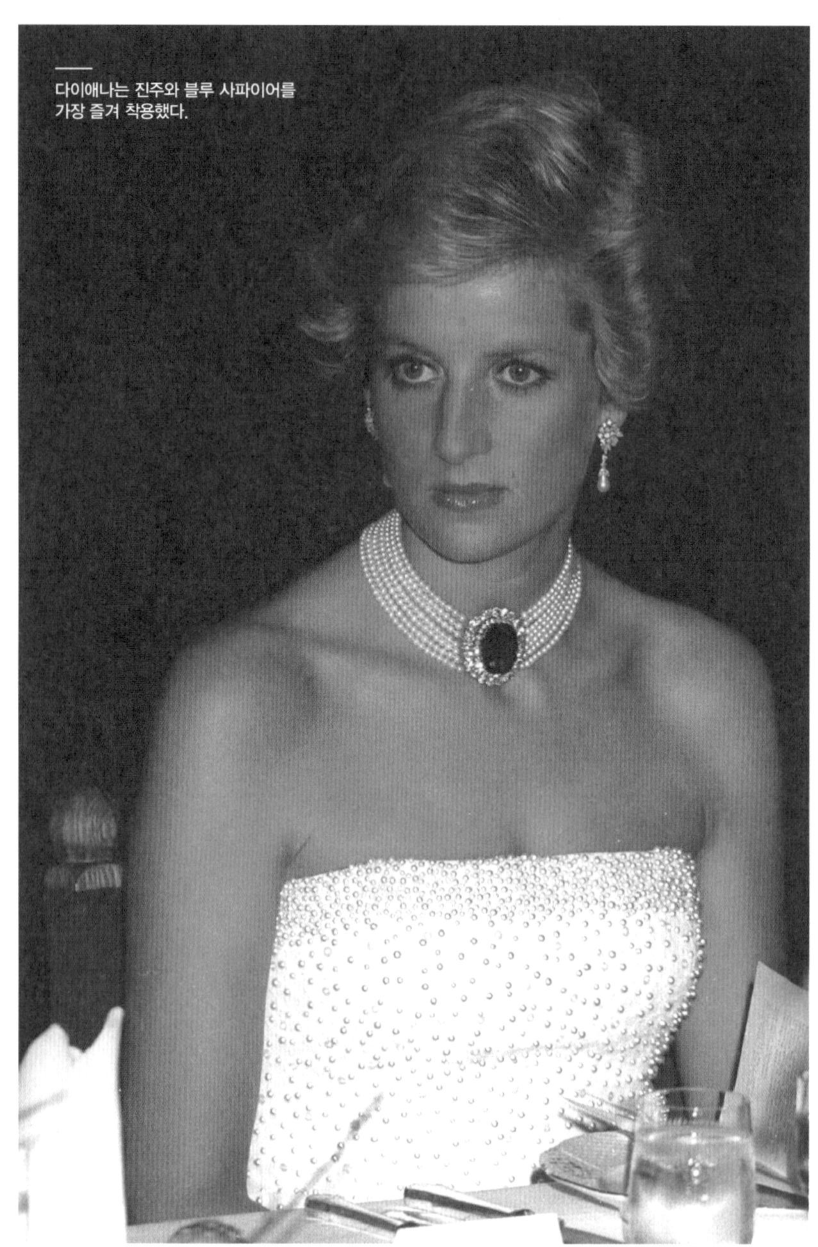
다이애나는 진주와 블루 사파이어를
가장 즐겨 착용했다.

들이 애용하던 진주 초커와 영국 왕실의 사파이어가 합쳐진 격이니 두 가문을 상징하는 특별한 주얼리라고도 할 수 있다.

### 다이애나의 스테이트먼트 주얼리로 거듭난 사파이어 진주 초커

그러나 뭐니 뭐니 해도 지금까지 가장 많이 회자되는 모습은 그 유명한 검은색 '복수의 드레스'와 함께 착용했을 때다. '복수의 드레스'에 대해 소개하자면, 1994년 찰스 황태자가 불륜녀 카밀라와의 외도를 인정한 직후 베니티 페어 파티에 나타난 다이애나는 평소와 180도 다른 과감한 디자인의 오프 숄더 블랙 드레스를 입고 있었다. 그 당당하고 섹시한 모습은 다음날 언론의 1면을 장식했고, 그런 다이애나에게 대중은 동정의 시선이 아닌 응원의 박수를 보냈다.

평소 왕세자비의 신분으로 입기 부담스럽던 의상이 빛을 발했음은 물론, 여기에 힘을 실어준 그 초커는 '나는 충분히 매력적인 여자이므로 상처받지 않고 당당히 나의 길을 가련다'라는 다이애나의 심리 상태를 반영한 '스테이트먼트 주얼리'가 된 것이다. 다이애나는 주얼리를 통해 패션뿐 아니라 가치와 신념, 이상을 표현할 줄 아는 현명한 여성이었다.

그런 다이애나가 공식적으로 가장 마지막으로 착용한 주얼리는 진주 목걸이였다. 로열 알버트 홀에서 열린 〈백조의 호수〉 발레 공연에 참석한 다이애나는 마퀴즈 컷 다이아몬드와 다섯 개의 남양 진주가 술fringe 형태를 이룬 목걸이를 착용했다. 그 목걸이는 다이애나의 아이디어를 반영해서 가라드에서 제작한 것이다. 공연이 끝난 후 다이애나는 세트 귀고리의 제작을 요청하기 위해 목걸이를 다시 가라드에 맡기는데, 안타깝게도 불의의 사고로 완성된 세트를 착용하지 못했다. 이후 이 목걸이에는 '백조의 호수'라는 이름이 붙게 되었다. 다이애나에게 주얼리는 이렇게 중요한 상징체였고, 이제 사람들은 며느리인 케이트 미들턴을 통해 다이애나를 반추하고 있다.

## 가브리엘 코코 샤넬:<br>연인과 함께 만들어낸 샤넬의 파인 주얼리

모조보석으로 만든 코스튬 주얼리를 단숨에 여성들이 갈망하는 대상으로 만들어버린 가브리엘 '코코' 샤넬. "주얼리는 여성에게 부의 상징이 아닌 아름다움을 위해 존재한다"고 외치던 샤넬은 당대 유명 인사들과 만나고 헤어짐을 반복하며 평생을 독신으로 산 자유연애주의자다. 연인이자 후원자였던 부호들은 수녀원에서 고아로 자란 샤넬에게 호화로운 상류층의 삶을 안내했고, 그들이 선사한 고급스러운 안목은 결국 샤넬의 디자인에 영감을 주었다.

아르데코 시대를 풍미한 디자이너 폴 이리브와 샤넬은 패션 디자이너 폴 푸아레의 소개로 만났다. 그래픽, 텍스타일, 주얼리, 무대, 광고 등 여러 분야에서 증명된 이리브의 재능과 재치 있는 성격은 샤넬을 단숨에 사로잡았다.

가브리엘 코코 샤넬
©Man Ray/Verdura

## 코스튬 주얼리의 여왕에서 파인 주얼리의 홍보대사로

당시 코스튬 주얼리로 큰 성공을 거둔 샤넬과는 달리 프랑스의 파인 주얼리 업계는 대공황 속에서 어려움을 겪고 있었다. 이에 침체된 다이아몬드 산업의 부흥이 절실했던 파리의 '국제 다이아몬드상 협회'는, 1932년 방돔 광장의 전문 보석상이 아닌 샤넬을 찾아와 도움을 요청했다. '코스튬 주얼리의 여왕'에게 다이아몬드와 플래티넘을 사용한 '파인 주얼리'의 제작을 의뢰하다니, 그들의 절박함을 읽을 수 있다.

이를 수락한 샤넬은 연인이자 1911년에 이미 파인 주얼리 컬렉션을 발표했던 이리브의 도움으로 작업을 시작했다. 이렇듯 샤넬이 파인 주얼리 무대에 데뷔한 배경에는 다이아몬드 업계를 돕기 위한 명분이 있었다.

같은 해 11월, 마침내 샤넬은 '비주 드 디아망Bijoux de Diamants' 이라는 첫 하이 주얼리 컬렉션을 발표했다. 샤넬은 보석 세팅을 단순화하고 원석 자체보다는 디자인의 선과 패턴을 주인공으로 만들었다. 리본, 별, 술 장식, 깃털, 태양, 이 다섯 가지 테마로 이루어진 컬렉션은 세 줄짜리 리본 다이아몬드 목걸이, 여섯 줄짜리 다이아몬드 혜성 목걸이와 반지, 티아라, 두 개의 펜던트가 달린 405개의 다이아몬드 목걸이 등으로 구성되었다. 두 개의 펜던트는 각각 브로치와 팔찌로 변환할 수 있게끔 해 기능성도 갖추었다.

샤넬은 어린 시절 오바진의 수녀원에서 바라본 별, 초승달, 해, 그리고 몰타 십자가를 다이아몬드로 꾸몄다. '별들로 여자들을 뒤덮고 싶었다'는 샤넬은 목걸이의 고리를 없앤 후 길게 늘어뜨려 어깨 너머에는 반짝이는 혜성을, 목 주변에는 별을 흩뿌렸다. 머리에도 역시 반짝이는 다이아몬드별을 장식했다. 드비어스의 협찬으로 독특한 커팅과 다양한 크기의 다이아몬드를 맘껏 사용할 수 있었다. 숨겨진 잠금 장치와 금속의 발이 보이지 않는 섬세한 '인비저블 세팅'은 다이아몬드의 광채를 최대한 뽐을 수 있게 받쳐주었다.

전시는 파리의 캉봉가 매장이 아닌 생토노레에 있는 샤넬의 아파트에서 2주간 계속되었다. 그리고 엘리트층의 열렬한 호응과 함께 개최 이틀 만에 드비어스의 주가가 20포인트나 오르는 효과가 나타났다.

불과 얼마 전까지만 해도 적극적으로 코스튬 주얼리를 장려하더니 돌연 파인 주얼리의 홍보대사가 된 샤넬은 이때 "파인 주얼리는 가장

EXPOSITION
DE
BIJOUX DE DIAMANTS
créés par
CHANEL
du 7 au 19 Novembre 1932

chez Mademoiselle CHANEL
29, Faubourg Saint-Honoré, 29

AU BÉNÉFICE DES ŒUVRES
" SOCIÉTÉ DE LA CHARITÉ MATERNELLE DE PARIS "
et
" L'ASSISTANCE PRIVÉE A LA CLASSE MOYENNE "
reconnues d'Utilité Publique

ENTRÉE : 20 FRS

비주 드 디아망 전시 초대장
©Chanel

1911년에 제작된 폴 이리브의
'Mughal Emerald Aigrette'
©Lucas Rarities

작은 부피에서 가장 큰 가치를 드러낼 수 있으며, 어려운 시기일수록 진정성과 진정한 가치를 찾는 본능적 열망이 생겨나기 마련"이라는 새로운 명언을 추가했다.

## 아르데코 시대의 이름 없는 영웅

사실 샤넬 파인 주얼리의 초석이 된 여러 디자인 요소들은 1911년에 이미 이리브가 완성한 것들이다. 이리브는 내부에서 꿈틀대는 창의적인 영혼을 주얼리 디자인에까지 확장시켜 11개의 피스를 디자인했다. 그래서 이리브의 디자인에는 유동적인 형태와 환상적이고도 엉뚱한 요소가 담겨 있다. 동료 일러스트레이터이자 화가인 조르주 바르비에조차 "폴 이리브가 현대의 장식 예술에 미친 영향은 상당 부분, 특히 주얼리에 있어서 저평가되어 있다"고 주장했을 정도다. 단언컨대, 이리브는 아르데코 시대의 '이름 없는 영웅'이다.

반지에 커다란 카보숑 컷cabochon cut(각을 내지 않고 볼록하게 연마하는 형태) 스톤을 세팅할 것을 제안하고 일찍부터 플래티넘과 이리듐을 사용한 이리브는, 무엇보다 디자인 모티브에 있어 동시대 예술가들에게 막대한 영향을 주었다. 특히 장미 모티브는 부쉐론과 라클로슈Lacloche에, 다이아몬드 유성, 리본, 깃털은 샤넬의 특징적인 심벌에 영향을 미쳤다.

그러나 열정적이고도 생산적이던 샤넬과 이리브의 관계는 1935년, 테니스를 치던 이리브가 샤넬의 눈앞에서 심장마비로 사망하면서 슬픈 결말을 맞이했다. 항간에는 이리브가 샤넬의 능력을 질투한 나머지 샤넬을 파멸시키기 위해 유혹했다는 루머도 있었으나, 그와의 사랑이 샤넬 파인 주얼리의 DNA가 된 것만은 부인할 수 없는 사실이다.

## 아름다움은 행동과 태도

1932년에 탄생한 '비주 드 디아망' 컬렉션은 가브리엘 샤넬이 살아생전에 만든 유일한, 고가 다이아몬드를 사용한 주얼리 컬렉션이다. 샤넬은 이 컬렉션을 통해 과시보다는 창작, 과장보다는 가벼움이라는 당시 방돔 광장에서는 보기 힘든 혁신을 남겼다. 아름다움은 의무나 관례가 아닌 행동과 태도라 생각했던 샤넬은 곧이어 이탈리아 출신 디자이너인 풀코 디 베르두라와 협업하여 몰타 십자가Maltese Cross 팔찌로 에나멜 주얼리를 성공적으로 부활시켰다.

샤넬은 자의식이 강해 평생 남성의 특권에 도전했지만 사랑하는 남성에겐 순종적인 모습을 보였고, 또 그들을 깊이 이해했다고 한다. 하지만 그 사랑의 끝이 아름다운 적은 없기에 매번 상처로 힘겨워했다. 동시에 일과 인생은 더욱 단단히 다져져 패션계의 전설이 될 수 있었다. 돌이켜보건대, 사랑이야말로 샤넬의 이름을 빛나게 한 에너지의 원천이 아니었을까? 이리브와의 추억이 담긴 '비주 드 디아망' 컬렉션은 1993년 칼 라거펠트가 재탄생시켰고, 지금까지 지속적으로 재해석되고 있다.

## 마리아 칼라스: 노래에 살고, 보석에 살고

마리아 칼라스는 사후에도 칼라스에 관한 책이 무려 300여 권이나 출간될 정도로 끊임없이 매스컴의 조명을 받은 전설의 디바다. 여기에는 세계적인 프리마돈나가 될 수 있도록 뒷받침해준 조강지부를 버린 쓰라린 러브 스토리와 굴곡진 인생도 한몫했다.

칼라스는 어머니의 사랑을 받지 못해 불우했던 유년기, 173센티미터의 키와 95킬로그램에 육박하는 거구로 음악에 몰두할 수밖에 없었을 10대와 20대를 보냈다. 그러나 그런 고통조차도 '천 가지 음색'의 카리스마로, 청중을 흡입한 원동력으로 승화시킨 강인한 디바이기도 하다.

### 남편 메네기니의 달콤한 축하 선물

칼라스는 30대에 들어 40킬로그램이나 체중을 감량하는 데 성공하면서 완벽한 외모로 무대를 장악하는데, 여기에 보석이 방점을 찍었다. 대부분 남편 지오반니 메네기니에게 받은 선물이지만 그 의미는 남달랐다. 메네기니에게 보석이란 '아내의 성공을 기리는 자신만의 축하 방식'이었기 때문이다.

메네기니의 달콤한 축하 선물은 1953년 이탈리아의 라 스칼라 극장에서 열린 〈메데아〉 공연의 대성공부터 시작되었다. 당시 라 스칼라

반클리프 아펠의 다이아몬드 목걸이와 귀고리를 착용한 마리아 칼라스. 목걸이는 〈메데아〉의 성공 이후 남편인 메네기니에게 받은 축하선물이다.

극장은 사교계 여성들의 하이 주얼리 경연장으로도 유명했다. 재력가였던 메네기니는 칼라스에게 최고급 루비, 다이아몬드로 구성된 목걸이, 팔찌, 귀고리 세트를 안겼다.

칼라스는 이듬해에도 카라얀이 지휘를 맡은 〈람메르무어의 루치아〉에서 주연을 맡아 호평을 받았다. 루치아가 미쳐가는 마지막 장면에서 칼라스의 콜로라투라 소프라노 독창은 청중을 완전히 매료시켰다. 이번에도 메네기니는 다이아몬드 목걸이, 반지, 팔찌, 루비와 다이아몬드 세트로 축하하는 마음을 표했다.

1955년은 칼라스가 인생의 멘토, 영화감독 루치노 비스콘티를 만난 중대한 전환점이다. 베르디의 〈라 트라비아타〉를 현대적으로 재탄생시킨 비스콘티의 연출과 칼라스의 섬세한 곡 해석은 극적인 시너지 효과를 낳았다. 이번에 칼라스가 남편에게 받은 보석은 최고급 에메랄드와 다이아몬드 세트였다.

## 제트족의 삶을 갈망한 칼라스

칼라스는 계속 승승장구했다. 1956년 뉴욕 메트로폴리탄 오페라 하우스에 데뷔하는 무대인 벨리니의 〈노르마〉 공연에서 칼라스는 전례 없는 티켓 판매를 기록해 〈뉴욕 타임스〉의 극찬을 받았다. 패션 잡지에 실린 빨간색 드레스에 해리 윈스턴의 루비와 다이아몬드 주얼리를 착용한 모습은 패션모델로도 손색이 없었다.

1957년 4월 비스콘티가 연출한 〈안나 볼레나〉에서는 무려 25분 동안 앙코르 박수를 받는 희열을 맛보았다. 메네기니는 이번에도 특별한 주얼리를 선물했다. 바로 훗날 2004년 소더비 경매에서 34만 달러(약 3억 7천만 원)라는 최고가를 기록한 11.7캐럿짜리 마퀴즈 컷 다이아몬드 반지였다.

5개월 뒤인 1957년 9월, 칼라스는 엘사 맥스웰이 주최한 베니스 볼Venice Ball에서 인생에 파멸을 가져다 줄 운명의 인물을 만났다. 이 파티는 베니스 영화제의 축하 이벤트 중 하나였지만 초대 손님 명단을 보면 그야말로 별들의 잔치였다. 한창 유명 가십 칼럼니스트이자 파티 기획자인 엘사 맥스웰이 칼라스를 온갖 화려한 파티에 초대하던 시기이기도 했다. 칼라스 역시 어린 시절 느끼지 못했던 따뜻하고 편안한 어머니의 자리를 맥스웰을 통해 채우는 중이었다. 칼라스는 이 파티에서 반클리프 아펠의 다이아몬드 '플람Flamme' 브로치를 머리에 꽂고, 목에는 에메랄드와 다이아몬드 목걸이를 착용했다. 맥스웰은 그렇게 뇌쇄적이면서도 우아한 모습으로 등장한 칼라스를 한 남자에게 소개하는데, 훗날 칼라스의 인생을 파멸시킨 그리스의 선박왕 애리스토틀 오나시스다.

칼라스는 사교계에서 이름을 날리기 시작하면서 동시에 성악가로서는 신중하지 못한 과오를 저질렀다. 시발점은 에든버러 페스티벌에서 라 스칼라 극장의 감독인 안토니오 기링겔리와 벌인 한바탕 소동이었다. 사전에 네 번의 공연을 약속했던 칼라스는 감독이 사전 동의도 없이 공식적인 자리에서 다섯 번째 공연을 발표해 단단히 화가 났다. 이에 칼라스는 자리를 박차고 나오는데, 자세한 내막을 모르던 언론은

'칼라스가 뜨더니 변했다'는 혹평을 쏟아냈다.

설상가상으로 목소리에도 문제가 생기기 시작했다. 급작스러운 체중 감량과 무대 안팎으로 지쳐가는 개인사가 원인이었다. 의사는 쉴 것을 권유했고 이에 칼라스는 예정된 공연을 취소하기에 이른다. 언론은 이제 칼라스를 '호랑이the tiger'라고 부르면서 사교에만 치중하는 디바로 폄하하기 시작했다. 그러나 실제로 칼라스는 어린 시절 부모에게 받지 못한 사랑을 '제트족'의 화려한 삶으로 보상받고 싶어 했다.

1958년 로마에서 한 〈노르마〉 갈라 공연에서 칼라스의 목소리는 최악의 컨디션을 보였다. 결국 공연을 중단하고 나오는데 이 '갑작스러운 퇴장' 역시 전 세계에 보도되었고, 칼라스의 커리어에 치명적인 흠집을 남겼다. 게다가 라 스칼라 극장의 총감독 기링겔리와 다시 한 번 싸우게 되면서 칼라스는 그 감독이 있는 한 다시는 라 스칼라 극장에 서지 않겠다는 막말까지 던지고 말았다. 곧 이어 미국의 루돌프 빙 감독과도 사이가 나빠지는 등 성악가로서의 커리어에 있어서 악순환이 반복되었다.

## 운명의 남자 애리스토틀 오나시스

문제의 1959년, 칼라스는 잇단 사건으로 매니저인 남편과도 사이가 안 좋았다. 이때 오나시스가 칼라스 부부를 크루즈 여행에 초대했다. 칼라스는 애당초 이 여행을 거절하려 했다. 그런데 아이러니하게도 남편의 설득으로 마지못해 초대에 응했는데, 크루즈에서 오나시스와 사랑에 빠지고 말았다. 여행에서 돌아오자마자 칼라스는 남편에게 이혼을 요구하지만, 남편은 쉽게 응하지 않았다. 사랑에 눈이 먼 칼라스는 결국 오나시스와 동거를 감행했다.

그렇게 두 그리스인은 연인이 되었고 칼라스는 오나시스가 초대한 유명인들 앞에서 자주 공연을 하기 시작했다. 그러나 그 유명인들의 존재는 칼라스를 점차 긴장하게 만들었고, 결국 무대에서 〈메데아〉, 〈노르마〉, 〈토스카〉만 반복적으로 부르게 되었다. 사실 오나시스는 칼라스의 오페라에 별 관심이 없었다. 그리고 정작 중요한 순간에 칼라스의 곁을 지키지도 않았다. 그럼에도 칼라스는 그 어떤 여자들보다 오나시스를 이해했고, 노래를 못 부르는 한이 있더라도 그를 사랑했다.

점차 칼라스는 제트족의 삶에 젖어들어 연습을 게을리 했고 목소리에도 지속적으로 문제가 생겼다. 결정적으로 이 바람둥이 선박왕의 정착은 오래가지 못했다. 오나시스가 1968년 미망인이 된 재클린 케네디와 결혼하면서 일방적으로 칼라스를 배신해 두 사람의 로맨스는 그 막을 내렸다.

오나시스는 그 어떤 남자보다 여자의 심리와 보석에 해박한 사람이었다. 칼라스마저 "오나시스의 여자에 대한 지식은 모두 반클리프 아펠 카탈로그에서 나왔다"고 우스갯소리를 할 정도였다. 자신의 레이더망에 걸린 여자들을 전부 '잠재적 애인'으로 여긴 오나시스는 사랑에 있어서 다이아몬드만큼 효과적인 무기가 없다고 여겼다. 물론 여자를 침대로 데려갈 때도 보석만 있으면 얼마든지 가능하다고 믿은 천하의 카사노바였다.

## 칼라스를 진정 사랑했던 남자는?

1975년 오나시스가 사망하고 칼라스의 멘토였던 비스콘티마저 1976년 숨을 거두었다. 이듬해인 1977년 칼라스는 55세의 나이에 약물중독으로 인한 심장마비로 세상을 등진다. 마치 〈라 트라비아타〉의 주인공 비올레타처럼 칼라스의 인생을 그린 오페라는 그렇게 비극으로 막을 내렸다.

2004년, 수많은 성공적인 공연의 전리품으로 빛을 발하던 칼라스의 주얼리 중 11점이 제네바에서 열린 소더비 경매에서 총 186만 달러(20여 억 원)의 낙찰가를 기록했다. 그렇다면 주얼리에 대해서는 누구보다 '해박'한 것으로 알려진 선박왕 오나시스는 칼라스에게 어떤 선물을 안겨주었을까?

칼라스가 남편을 버리면서까지 집착했던 오나시스에게 받은 주얼리는 1965년 생일선물로 받은 반클리프 아펠의 터키석, 산호, 다이아몬드, 진주로 된 귀고리와 팔찌 세트 외에는 알려진 것이 거의 없다. 결국 대부분은 칼라스를 아낌없이 후원해서 그 자리에 오르게 만든 남편 메네기니의 선물이었던 것이다.

지금까지도 사람들은 칼라스의 죽음에 자살 의혹을 제기하고, 죽기 직전 칼라스가 메네기니를 그리워했다며 두 사람의 이별을 안타까워한다. 진실은 저 너머에 있지만 내밀한 언어를 품은 천상의 목소리는 다이아몬드처럼 영원히 칼라스의 인생을 노래할 것이다.

*Chapter*

# 5

# 세상을 바꾼 주얼리 디자이너

*Jewelry Story*

## 전설의 디자이너, 장 슐럼버제

티파니의 주얼리 중 가장 화려하고 섬세하여 마치 예술 작품과도 같은 장 슐럼버제의 주얼리는, 자연에서 영감을 받은 디자인이 특징이다. 1907년 프랑스 알사스주의 섬유 제조업을 하는 부유한 가정에서 태어난 슐럼버제는 금융업에 종사하기를 바란 부모님과 달리 디자이너의 꿈을 품고 있었다.

슐럼버제는 꿈을 이루기 위해 1930년대 카페 문화의 창조적 에너지가 넘치던 파리로 갔다. 그곳에서 빈티지 샹들리에를 활용한 액세서리를 제작하였다. 이것이 당시 유행을 선도하던 친구들 사이에서 폭발적인 인기를 끌면서 코스튬 주얼리에 흥미를 붙이게 되었다. 얼마 후 슐

장 슐럼버제
©Tiffany & Co.

럼버제는 아틀리에를 열고 점차 부유한 엘리트들로 고객층을 확장하기 시작했다.

## 코스튬 주얼리로 성공을 맛보다

이런 슐럼버제를 패션계에서 가만둘 리 없었다. 1937년 슐럼버제는 패션 디자이너 엘사 스키아파렐리의 눈에 띄었다. 스키아파렐리는 슐럼버제가 디자인한 귀고리를 착용했는데, 이를 두고 잡지 〈하퍼스 바자〉는 '파리의 새로운 디자이너가 디자인한 매력적인 귀고리'라며 극찬을 아끼지 않았다.

이후 스키아파렐리는 슐럼버제에게 단추와 코스튬 주얼리를 디자인하도록 했고, 그들의 협업은 커다란 성공으로 이어졌다. 초현실주의에 빠져 있던 스키아파렐리와 마찬가지로 슐럼버제의 작품에도 초현실적인 요소가 살아 있었다. 어떤 주제를 주어도 슐럼버제의 상상력은 독특하고 창의적인 주얼리로 거듭났다.

코스튬 주얼리 디자이너로서 큰 성공을 거둔 슐럼버제의 주얼리는 1930년대 말 미국 주얼리 업계에서 대대적으로 모방하기 시작했다. 슐럼버제는 사교계에서도 성공을 거두어 최고의 파티마다 초대를 받았는데, 이것이 부유층 고객들의 주얼리 리세팅을 시작한 계기가 되었다. 안목과 취향이 수준 높은 여성들을 만나면서 슐럼버제는 코스튬 주얼러에서 파인 주얼러로 자연스럽게 전환할 수 있었다.

1939년 제2차 세계대전의 발발과 함께 스키아파렐리와의 관계를

슐럼버제의 플래티넘과
18K 옐로 골드에 세팅된 다이아몬드와
블루 에나멜로 구성된 더블 윙 브로치
ⓒTiffany & Co.

정리한 슐럼버제는 군 입대 후 영국을 거쳐 드디어 미국에 진출했다. 뉴욕에 도착한 슐럼버제는 옛 친구이자 폴 푸아레의 조카인 니콜라스 봉가르와 재회하는데, 봉가르는 당시 르네 부아뱅의 주얼리 사업을 돕고 있었다. 둘은 5번가에 함께 공방을 차리고, 1년 후에는 파리에도 공방을 열어 '메이드 인 프랑스' 제품을 제작하기 시작했다.

슐럼버제는 차갑고 평평한 기하학적 모티브의 아르데코 양식을 거부했다. 대신 볼륨 있고 이국적이며 조각적인 디자인으로 1950년대 이후 주얼리 스타일에 큰 영향을 미쳤다. 무엇보다 다채로운 색상의 에나멜과 각종 천연보석을 매치한 디자인이 결정적인 공헌을 했다. 어떤 금속보다 옐로 골드를 선호했고, 귀보석의 내재된 아름다움과 신비로움을 좋아했다. 그러나 주얼리가 금전적 가치로만 평가되는 데는 전적으로 반대했다. 슐럼버제가 주얼리의 소재를 고르는 우선적인 기준은 금전적인 가치가 아닌 색상이었다.

## 티파니에 합류한 슐럼버제

1956년 티파니의 회장이던 월터 호빙은 5번가의 스토어를 빛낼 독창적이고 흥미로운 주얼리를 찾고 있었다. 슐럼버제의 재능을 눈여겨본 회장은 5번가 티파니 스토어에 그만을 위한 부서를 만들어 부사장의 권한을 주었다. 동시에 파리의 공방도 지속할 수 있게 해주었다.

슐럼버제는 티파니의 주얼리를 디자인하며 잠재되어 있던 창조적 역량을 본격적으로 발휘했다. 주로 자연, 특히 바다 생물과 초목에서

Fleurage 목걸이
©Tiffany & Co.

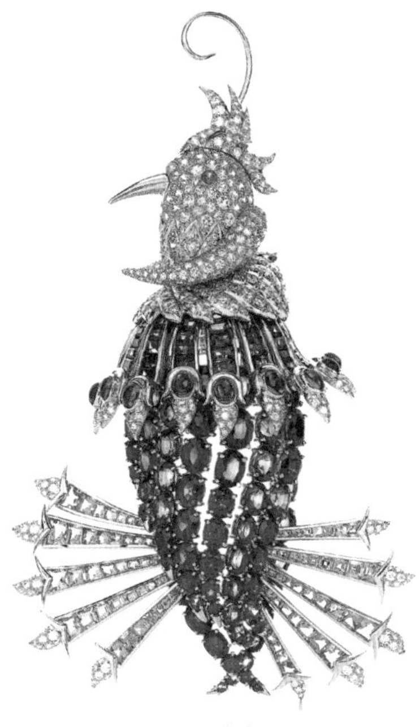

Oiseau de Paradis 브로치

Bird on a Rock 브로치

영감을 얻어 스케치를 했는데, 이를 토대로 세밀한 밑그림을 그려 환상적인 주얼리를 자유롭게 만들었다. 자연뿐 아니라 르네상스와 18세기의 고급스러움, 그리고 동양의 이국적인 모티브도 적극적으로 디자인에 반영했다. 구불구불한 곡선과 관능적인 형체는 단골 모티브였다. 슐럼버제는 "나는 각각의 작품이 성장하고 변화하며, 자유롭게 살아 숨쉬고, 움직이는 것처럼 보이도록 노력한다. 자연을 관찰하고 그 속에서 역동성을 발견한다"고 자신의 디자인 철학을 밝힌 바 있다. 완벽주의자답게 금세공과 장인정신의 중요성도 항상 강조했다.

티파니의 전폭적인 후원 덕에 슐럼버제는 최고급 소재를 사용한 하이 주얼리도 다수 선보였다. 128.54캐럿의 세계에서 가장 크고 화려한 옐로 다이아몬드를 세팅한 리본 로제트 네크리스Ribbon Rosette Necklace가 대표적이다. 시대의 아이콘이던 오드리 햅번이 착용하고 영화 〈티파니에서 아침을〉의 포스터를 촬영한 이 목걸이는, 당시 미국 사회의 대표적인 하이 주얼리로 상징되며 세계의 주목을 받았다. 이 티파니 다이아몬드는 슐럼버제가 타계한 뒤 1995년에 슐럼버제의 디자인으로 재탄생한 '바위 위에 앉은 새Bird On a Rock' 브로치에 세팅되었다.

## 여성들을 위한 진정한 아티스트

슐럼버제의 섬세하고 화려한 디자인은 많은 유명 인사들에게 오랫동안 사랑받기에 충분했다. 특히 고대의 빠이요네 에나멜링 기법을 독자적으로 부활시켜 만든 팔찌는 재클린 케네디가 즐겨 착용했다. 언론에서 '재키 브레이슬릿'이라 명명한 이 팔찌는 지금까지도 많은 여성들의 사랑을 받고 있다.

슐럼버제는 생전에 사생활을 거의 노출시키지 않고 인터뷰나 자신의 작품에 대해 논하는 것을 피했다. 사람들은 파베르제나 베르두라와 종종 비교했지만 슐럼버제는 이런 비교 자체를 거부했다.

1987년 80세의 나이로 파리에서 타계한 이후에도 뉴욕의 5번가 스토어에서는 슐럼버제의 디자인을 한정적으로 제작하고 있다. 그리고 오리지널 아틀리에는 VIP 고객들을 위해 주문제작을 하는, 여성들의 꿈을 현실로 만들어주는 공간으로 쓰이고 있다. 슐럼버제의 광팬이던 다이애나 브릴랜드가 언젠가 묘사한 것처럼 슐럼버제는 '여성들에게 주얼리로 꿈을 이루어준 진정한 아티스트'였다.

## 살아 있는 전설, JAR

JAR[Joel Arthur Rosenthal], '이 시대의 파베르제', '언더그라운드 컬트'라는 수식어를 논하기 전에 영화 〈섹스 앤 더 시티〉 팬들에게만 먼저 귀띔할 이야기가 있다. 2008년도 영화에서 사만다가 크리스티 경매에서 낙찰받기 위해 애썼던 꽃 모양의 다이아몬드 반지를 떠올려보자. 안타깝게도 사만다는 패배자가 되었지만 5만 달러로 낙찰에 성공한 경쟁자는 '다행히도' 사만다의 남자친구였다.

이렇게 로맨틱한 반전으로 마무리된 반지는 실제 JAR이라는 주얼리 디자이너의 '가데니아 링Gardenia Ring'에서 모티브를 따온 것이다. 할리우드 배우 엘렌 바킨이 2006년 억만장자 로널드 페럴만과 이혼하면서 크리스티 경매에 내놓은 17개의 JAR 주얼리 중 하나였는데, 실제로도 치열한 경합 끝에 50만 달러에 낙찰되었다.

이런 특별 경매가 아니고선 좀처럼 만나기 어려운 JAR의 진가를 알아본 사만다의 남자친구는, 영화 속 반지가 실제 상황이라면 고단수의 투자가일지도 모른다. 실제 이 반지는 8년 뒤 2014년 크리스티 경매에서 175만 달러(약 18억 원)에 팔려 260.5퍼센트의 투자수익률을 올렸으니 말이다. JAR 주얼리의 평균 투자수익률이 102.76퍼센트라고 하니 주식이나 부동산에 비할 바가 아니다.

JAR은 전 세계 상류층과 패션 피플 중 열의 아홉이 꼽는 '존경하는' 주얼리 아티스트다. 그들은 도대체 왜 이 JAR이라는 사람에게 그토록 열광하는가? 접근 불가성, 창의성, 그리고 희소성 이 세 가지에서 해답을 찾아보자.

## 접근할 수 없는 JAR

JAR의 매력을 어떻게 정의 내려야 할까? 아마 '자신이 원할 때, 자신이 원하는 사람들에게만, 자신이 원하는 디자인으로' 자신만의 '창조성'을 제공하는 '권력'이 아닐까? 따라서 행여 JAR의 쇼룸에 들어간다 해도 꿈꾸는 반지를 디자인해줄지는 의문이다. JAR의 고객이 되기 위해서는 기존 고객의 추천을 받은 후 나름의 기준이 있는 심사를 통과해야 하니 말이다. JAR에게 주얼리란 반드시 착용자를 돋보이게 해야 하지만, 그 착용자 역시 주얼리를 빛내야 한다는 신념이 있다. 후자를 통과해야만 JAR에게 다가갈 수 있는 것이다.

그래서 JAR은 특수층에게만 '세상 하나뿐인' 주얼리를 만들어주는 희소성의 대명사가 되었다. 이것이 국내에서 JAR의 이름을 들어본 사람이 별로 없는 이유다. JAR의 작품을 구입할 수 있는 대기자 명단에 들어가려 하는 대기자들의 행렬 역시 끝이 없다.

1년에 80여 점(최근엔 이 원칙을 깨고 100~120여 점으로 늘었다)밖에 만들지 않으니 돈이 있어도 살 수가 없다. 이 중에 반은 특수 고객을 위한 스페셜 오더이고, 나머지 반은 JAR만의 창조 세계를 대변한다. 그 누구라도 가격을 흥정했다가는 바로 내쫓기고, 무엇을 디자인할지도 JAR 혼자 정한다. 웬만해서는 콜렉터들이 내놓질 않으니 2차 시장에서 만나기조차 어렵다. 그래서 백지수표를 건네며 숍을 열어달라는 사람이 있을 정도다. '창작'을 업으로 삼는 사람들은 부러워할 꿈같은 이야기다.

또한 JAR은 그레타 가르보 저리 가라 할 은둔형 캐릭터다. 자신에 대해 스스로 이야기하는 것도, 다른 사람들이 자신에 대해 말하는 것도 싫어한다. 경매가 끝날 때마다 JAR

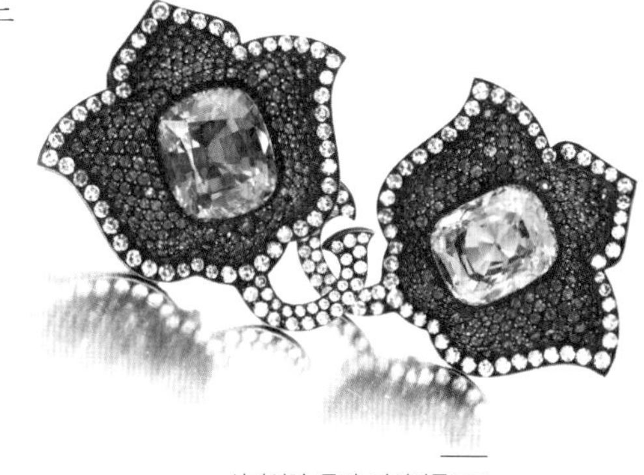

사파이어, 루비, 다이아몬드로 제작한 이어 클립
ⓒFD Gallery

에 대한 기사가 쏟아져 나오지만 정작 JAR은 나타나지도, 단 한 마디의 코멘트를 남기지도 않는다. 방돔 광장에 있는 작은 쇼룸은 찾기도 어렵고, 찾아도 들어가기 어려우며, 언론은 더더욱 반기지 않는다.

## JAR의 작품 세계

JAR의 주얼리는 레드, 바이올렛, 핑크, 그린 컬러를 위주로 보석의 색상과 명암에 중점을 둔다. 무색의 다이아몬드를 쓸 때는 완벽한 투명도나 희귀한 커팅, 그리고 독특한 세팅과 함께 전체적인 조형미를 강조한다. 화가를 꿈꾸던 그답게 작은 스톤들을 세밀하게 배열하는 '파베 세팅pavé setting'의 회화적인 그러데이션으로도 유명하다. 색의 단계별 변화가 자연스러우면서도 살아 움직이는 듯 생생한 그만의 컬러 감각이 드러나는 대목이다. 만약 아주 미세한 부분이라도 배색이 맘에 들지 않을 때는 주저 없이 스톤을 교체한다. 그래서 브로치 하나를 만드는 데 1년이 넘게 소요되기도 한다.

JAR이 주얼리를 시작한 1970년대에는 스피넬이라는 보석을 '잡석' 정도로 치부할 때였다. 당시 최고급 스피넬의 가격이 캐럿당 300달러였지만 지금은 1만 5천 달러에 달한다. JAR은 처음부터 이런 유색보석에 몰입했고, 납작한 원석, 비전형적인 커팅, 쿠션컷이나 오벌컷 같은 부드러운 컷의 스톤을 주로 다루었다. 평범한 세팅은 거부하여 스톤을 거꾸로 세우는 등 끊임없이 실험적인 방법을 시도해왔다. 또한 회백색 금속을 선호해 티타늄, 플래티넘, 스틸, 화이트 골드, 실버를 주로 쓰

사파이어, 에메랄드,
다이아몬드로 제작한
'바이올렛' 반지
ⓒFD Gallery

천연진주, 다이아몬드, 에보니로
제작한 이어 클립
ⓒFD Gallery

천연진주 이어 클립.
진주 안쪽에 다이아몬드가
파베 세팅되어 있다.
ⓒFD Gallery

며, 옐로 골드는 거의 찾아보기 힘들다. 금속을 검게 산화시켜 유색보석의 컬러를 돋보이게 하는 것도 JAR만의 특징이다.

가장 애용하는 클래식한 꽃 모티브와 유기적인 형태부터 위트 있는 '오브제 드아르Objet d'Art'의 모습으로, JAR만의 파베 세팅의 미학과 회화적인 컬러 조합은 아티스트로서의 상상력을 선명하게 그려낸다. 이것이 지난 37년의 시간 속에 그를 위대한 주얼러로 만든 원동력이다.

## JAR, 오만함과 잔약함의 사이

JAR의 괴짜적인 행보를 듣는 사람들은 대부분 그 오만함을 비난한다. 그러나 작품에 관해서는 몰라도 적어도 명성을 지키기 위해서는 오만하지 않다. 혹자는 신비주의 전략이 성공했다며 비아냥거리지만 사실 JAR에게 전략 같은 것은 없다. 그저 인생의 목표인 '하고 싶은 대로, 나만의 방식대로' 주얼리를 만들 뿐이다.

오히려 깨지기 쉬운 잔약한 면을 들키기 싫어 숨어 있는지도 모른다. JAR이 오랜 시간 동안 미국의 화가 존 싱어 사전트에 관한 소설을 쓰고, 그를 모티브로 주얼리를 디자인했다는 사실에서 유추해보면 말이다. "사전트의 개인사는 공개된 것이 없어요. 그것이 내가 어린 시절부터 사전트에 집착하는 이유이기도 하죠." 작품 〈마담 X〉에 대한 질타와 함께 영국으로 떠나야 했던 화가 존 싱어 사전트와 40여 년째 미국을 떠나 있는 본인 사이에 그 어떤 '약함'에 관한 동질감을 발견했을 수도 있다.

## 내 스타일이 곧 서명이다, 수잔 벨페론

자연에서 영감을 얻은 꽃이나 나비, 소용돌이, 구형, 그리고 흑화黑化시킨 골드. 이렇게 트레이드마크가 된 JAR의 독창적인 작품 세계를 알고 나면 그에 대해 존경심마저 들게 된다. 그런 JAR에게도 깊은 영감을 준 선배 디자이너들이 있었으니, 그중 하나가 바로 20세기의 주얼러 수잔 벨페론이다. 벨페론은 우아함과 대범함을 동시에 보이면서 주얼리 디자인에 새로운 미학을 제시한 선구자다. 그러나 JAR과 마찬가지로 유명세를 좇지 않는 행보로 인해서 작품성에 비해 사람들에게 덜 알려진

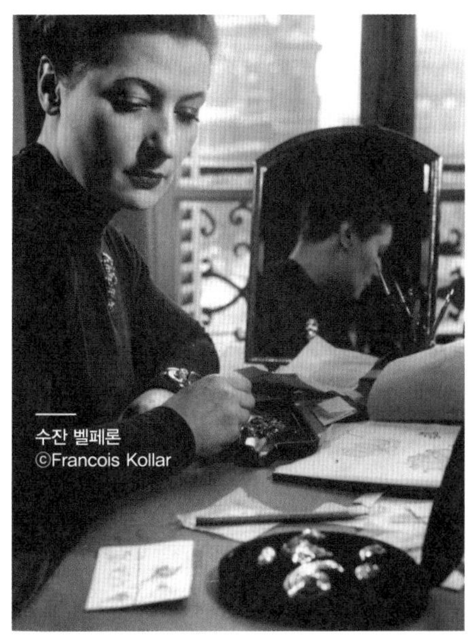
수잔 벨페론
©Francois Kollar

감이 있다.

심프슨 부인이 소유했던 벨페론의 주얼리가 1987년 소더비 경매에 나왔을 때 출품된 16개 중 단지 5개에만 벨페론의 이름이 새겨져 있었다. 왜 벨페론은 주얼리에 서명을 하지 않았을까? 이 질문에 벨페론은 항상 이렇게 답했다고 한다.

"내 스타일이 곧 서명이니까요."

## 벨페론의 재능을 알아본 두 사람

20세기가 태동한 1900년도에 태어난 벨페론은 1919년부터 프랑스의 유명 주얼러 메종 부아뱅에서 제도사로 주얼리 업계에 발을 내디뎠다. 당시 메종 부아뱅은 창업자인 르네 부아뱅이 사망한 후 미망인인 부아뱅 부인이 회사를 이끌어가던 중이었다(부인은 폴 프아레의 큰누나이기도 하다). 여성 디자이너를 고수하던 부인의 눈에 어느 날 벨페론이 들어왔고, 그렇게 부아뱅과 벨페론은 13년간의 인연을 맺게 되었다.

1920년대에 두 사람은 아르데코 스타일을 포용하면서도 전위적인 색채와 비금속의 사용으로 과감하고 실험적인 작업을 감행했다. 결과적으로 전형적인 아르데코 스타일과는 점차 거리가 멀어짐과 동시에 디자인의 미학이 재료의 가치보다 중요하다는 그들의 원칙을 강화시켰다.

이때 벨페론의 재능을 발견한 선견지명이 있는 사람이 또 있었으니, 바로 파리의 보석 딜러 버나드 헤르츠다. 헤르츠는 1932년 벨페론을

1930년에 다이아몬드와 아쿠아마린으로
제작한 플로럴 클러스터 브로치
ⓒFD Gallery

1932~1955년 사이에
천연진주와 칼세도니로 제작한 반지
ⓒFD Gallery

옐로 다이아몬드 반지
ⓒFD Gallery

영입해서 '비 헤르츠'라는 회사를 세운 후 벨페론에게 모든 디자인을 맡겼다.

헤르츠의 지붕 아래에서 벨페론의 디자인은 더욱 대범하고 자유로워졌다. 고루한 틀을 깨면서 벨페론은 주얼리에 열정과 아이디어를 마음껏 녹일 수 있었다. 벨페론은 당시 유행하던 아르데코의 딱딱한 직선보다 부드러운 곡선이나 소용돌이를 선호했고, 22캐럿 골드를 사용해 버터를 녹인 듯 부드럽고 따뜻한 느낌을 강조했다. 또 예술적인 자유라는 멍석이 깔리자 보석에 곤충의 날개, 꽃잎, 과일 등을 유기적인 형태로 조각하기 시작했다. 세계 여행을 통해 아프리카, 캄보디아, 이집트, 인도 등의 이국적인 문화에서 영감을 얻은 주얼리로 새로운 룩을 제시했다.

## 오늘날까지 꾸준히 사랑받는 벨페론의 작품들

1933년 〈보그〉 파리판에 등장한 벨페론의 주얼리를 본 엘사 스키아파렐리는 '주얼리의 새로운 테마가 등장했다'며 칭찬을 아끼지 않았다. 그렇게 1930년대는 벨페론에게 창의적인 면과 상업적인 면에서 모두 성공적인 시기였다. 당시에는 까르띠에나 반클리프 아펠, 부쉐론과도 어깨를 나란히 했다. 본인의 스타일 자체가 서명이라고 자신한 벨페론은 다른 디자이너와 달리 고객이 요청할 때를 제외하고는 작품에 서명을 하지 않았다.

그러나 제2차 세계대전은 벨페론에게 뜻밖의 고난을 가져다주었다.

유대인의 이름으로 회사를 운영한다는 이유로 파트너인 헤르츠와 함께 독일군에 체포된 것이다. 결국 벨페론의 이름을 붙인 '헤르츠-벨페론'으로 회사명을 바꾸고 제2의 인생을 시작하게 되었다.

'헤르츠-벨페론'은 벨페론이 은퇴한 1974년까지 유지되었다. 하지만 정작 디자이너로서 이름이 널리 알려지게 된 것은 벨페론이 사망한 1983년 이후다. 1999년 베르두라를 인수한 소더비 출신의 워드 랜드리건이 벨페론의 주얼리 아카이브를 인수하면서, 벨페론의 작품은 오늘날까지 꾸준히 재조명되고 있다.

## 색채의 마술사,<br>베르두라

풀코 디 베르두라는 이탈리아 출신 공작으로 1939년 뉴욕에 그의 이름을 딴 주얼리 살롱 베르두라를 설립했다. 베르두라의 정식 이름은 '풀코 산토스테파노 델라 세르다, 베르두라 공작'으로 주변인들은 그를 '풀코'로 불렀다.

강렬한 컬러와 재치 있는 디자인으로 1940년대의 화려한 스타일을 대표하는 베르두라는, 1898년 이탈리아 시칠리에서 태어나 팔레르모에서 성장했다. 제1차 세계대전이 끝난 후 팔레르모는 베니스와 더불어 미국 부유층 사이에서 최고로 꼽히는 휴양지가 되었다. 그곳에서 베르두라는 훗날 인생의 전환점을 마련해준 콜 포터 부부를 만났고,

코코 샤넬과 함께한
풀코 디 베르두라
©Verdura

이들은 1925년 파티에서 베르두라를 코코 샤넬에 소개했다. 그때부터 베르두라에게는 일대 변화가 시작되었다.

## 코코 샤넬이 알아본 베르두라

샤넬을 따라 파리로 간 베르두라는 처음에는 샤넬의 텍스타일 디자이너로 참여했다. 그러다 둘 사이에 우정과 신뢰가 쌓이면서 점차 주얼리 디자인에도 관여하게 되었다.

샤넬은 오래된 주얼리를 독특한 디자인으로 재탄생시키는 베르두라의 재능을 발견했다. 덕분에 베르두라는 샤넬의 주얼리 리세팅을 담

샤넬과 함께 만든
에나멜과 유색보석 커프
©Verdura

당하다가 마침내 그 유명한 '몰타 십자가Maltese Cross 커프'를 탄생시켰다. 이탈리아의 도시 라벤나에 있는 비잔틴 성당에서 모티브를 따온 커프는 당시 '낮에도 편하게 착용할 수 있는 주얼리'를 찾는 수요층을 충족시켰다. 샤넬은 1년 후 이 디자인을 코스튬 주얼리로 제작했다. 골드와 천연석으로 된 파인 주얼리 버전은 지금까지도 베르두라를 대표하는 상징적인 제품이 되었다.

총 8년간 샤넬과 함께한 베르두라는 미국에서 제2의 인생을 시작하기로 한다. 유명 패션기자인 다이아나 브릴랜드를 통해 미국을 대표하는 주얼러이자 아르데코의 거장인 폴 플레이토의 주얼리 팀에 합류하게 된 것이다. 이때 제작된 '베르두라 포 플레이토'의 각종 디자인은 할리우드와 미 동부 사교계 양쪽에서 열망하는 이름이 되었다. 플레이토는 베르두라가 그레타 가르보, 리타 헤이워드, 캐서린 햅번과도 친분을 쌓도록 적극 도왔다.

1939년, 베르두라는 드디어 단독으로 5번가에 살롱을 열면서 뉴욕에 정착했다. 역시 콜 포터와 빈센트 애스터의 재정적인 후원이 뒷받침되었다. 동부의 사회 지도층 인사들은 베르두라의 주얼리에 금세 빠져들었는데, 특히 당대 최고 패셔니스타인 베이브 페일리가 베르두라의 뮤즈가 되면서 베르두라의 인기는 급속도로 치솟았다.

동시대에 활약하던 장 슐럼버제가 티파니에 합류한 것과는 달리 베르두라는 독립 주얼러로서 특수 엘리트층만을 상대했다. 그래서 베르두라의 살롱은 언제나 사회 지도층 인사들과 주얼리 애호가들로 가득 찬 '클럽 하우스' 분위기였다.

베르두라의 링크 팔찌를
착용한 그레타 가르보
©Verdura

## 미드 센추리를 빛낸 미국 최고의 주얼러

1940년대 미국인들은 대담한 디자인을 원했고 베르두라는 그 욕구를 충족시켰다. 게다가 지적이고, 카리스마 넘치며, 섹시하기까지 한 이탈리아인이었으니, 당시 미국인들은 이 이탈리아 '공작'이 디자인한 주얼리를 갈망할 수밖에 없었다. 물론 베르두라는 사교에도 아주 능했다. 결국 〈뉴욕 타임스〉는 '미국 최고의 주얼러'라는 찬사를 보냈고, 베르두라는 20세기 최고의 디자이너로 인정받게 되었다.

베르두라는 옐로 골드, 볼륨감, 유색보석의 밝고 선명한 컬러, 그리고 자연과 생물 모티브를 즐겨 사용했다. 그래서 베르두라의 디자인에는 동물, 꽃, 조개가 자주 등장한다. 주 무기인 옐로 골드는 주로 매듭으로 꼬거나 엮은 형태로 쓰였다. 화려한 유색보석 중에서는 고향 시칠리의 정원에서 영감을 받은 시트린, 루비, 페리도트를 중점적으로 사용했는데, 이것들로 장식한 조개 브로치는 그레타 가르보가 착용해서 유명해졌다.

훗날 이 조개 브로치에 깊은 영감을 받은 디자이너가 바로 JAR이다. JAR은 자신만의 개성을 담은 발전된 작품으로 또 다른 조개 브로치를 세상에 선보였다. 이 외에도 JAR은 베르두라의 친구이자 평생 후원자였던 뮤지컬계의 거장 콜 포터에 대한 오마주 작품을 통해 베르두라의 별과 달 모티브와 유사한 콘셉트를 작품에 녹였다. 또한 베르두라의 상징적인 하트 브로치에서 영감을 받은 브로치도 다수 제작했다.

베르두라의
Lion's Paw Shell 브로치
ⓒVerdura

자수정과 에메랄드로 제작한
바스켓 더블 크라상 팔찌
ⓒVerdura

### 계승되고 있는 베르두라의 철학

베르두라는 1973년에 공식적으로 은퇴했다. 그리고 회사는 소더비의 주얼리 부문 총책임자였던 워드 랜드리건이 인수했다. 그때가 1985년으로 지금까지 베르두라가 남긴 1만여 점의 스케치를 바탕으로 제품을 만들어내고 있다. 물론 베르두라가 쌓아 놓은 전문성, 장인정신, 최고급 품질의 전통은 변함없이 계속되는 중이다.

"베르두라가 디자인한 주얼리는 모든 사람들을 감동시키기 위한 것은 아니었습니다. 다만 이를 '착용하는 여성'을 돋보이게 만드는 것이었죠." 베르두라의 생전 철학대로 랜드리건은 대량생산과 지나친 상업주의를 지양하고 입으로 전하는 홍보에 주력하고 있다.

## 중국의 힘,<br>윌리스 챈

수년 전 크리스티의 아시아 회장인 프랑소와 쿠리엘은 세계 주얼리 시장에서 아시아의 중요성이 부각되고 있다는 말끝에 각광받는 아시아 출신 디자이너 세 명을 꼽았다. 그중 가장 먼저 언급된 사람이 바로 월리스 챈이다.

홍콩 출신인 월리스 챈은 동양의 조각과 서양의 보석 예술에 대한 지대한 관심과 함께 성장하여, 20년간 미술 조각가로 활동하였다. 그러다 유럽 여행 중 카메오와 인탈리오 카빙 기술을 배운 것이 '월리스 컷Wallace Cut'의 발명을 이끌었다. 월리스 컷은 보석 단면 커팅faceting처럼 빛을 반사하는 기술을 사용한 하나의 조각된 형상이다. 이는 유색보석 작업을 통한 모험의 시발점이자 월리스의 이력에 새로운 장을 열어주는 계기가 되었다.

## '카빙 천재' 월리스 챈의 등장

1996년에서 2000년은 월리스의 인생에서 불교 예술을 꽃피운 시기다. 대규모 조각 프로젝트를 통해 대만 불광산의 대탑을 세우는 등 불교예술 애호가들에게 호평을 받았다. 2001년, 본격적인 주얼리 창조의 단계로 들어서서 새로운 보석 연마 기술, 조명, 색상, 금속공학과 인체공학을 바탕으로 본인의 선禪 지향적 사고를 가시화하기 시작했다.

앤티크 비엔날레에서 월리스 챈
©Wallace Chan

월리스 컷 스톤을 사용한
Now and Always 목걸이
ⓒWallace Chan

월리스 챈은 2007년 바젤월드에서 티타늄을 사용한 획기적인 컬렉션을 론칭한다. 티타늄은 단단하면서도 무게가 금의 5분의 1밖에 안 되어, 주얼리 디자인을 한층 발전시킨 금속이다. 그러나 사실 취급과 가공이 어려워 월리스의 팀에서 연구하는 데만 무려 8년을 쏟아 부었다고 한다.

이후 업계의 주목을 받게 된 월리스는 수많은 국제 디자인 대회에서 수상하며 세계 유수의 디자이너들과 수집가들의 칭송을 받았다. 유명 박물관이나 갤러리에서는 월리스의 탁월한 재능을 알아보기 시작하였고, 독일 주얼리계에서는 월리스를 '카빙의 천재'라고 칭했다. 더불어 혁신적인 디자인과 혁명적인 기술을 다 가진 유일한 중국인으로 인정받음으로써 '현대의 르네상스맨'이라는 별명도 생겼다. 작은 유색보석 공방에서 시작된 월리스 챈의 역사는 2007년 '월리스 챈 인터내셔널'이라는 회사로 거듭나며, 세계적으로 세련된 여성과 안목 높은 수집가들이 찾는 최고의 파인 주얼리 브랜드가 되었다.

2010년 월리스 챈은 현대 주얼리 디자이너로서는 처음으로 북경 수도 박물관에 초대받아 단독 전시를 열었다. 그러나 월리스의 인생에 있어 가장 큰 반향을 불러일으킨 사건은 2012년 가을, 50년 전통의 '파리 앤티크 비엔날레Paris Biennale des Antiquaires'에 첫 중국인이자 아시아 파인 주얼리 디자이너로 초대받은 일이다. 방돔 광장의 역사 깊은 주얼리 하우스들과 어깨를 나란히 한 것은 월리스 개인적으로뿐 아니라, 아시아를 대표하는 아티스트로서도 획기적이며 영광스러운 일이었다. 공식적으로 월리스 챈은 현재 앤티크 비엔날레의 유일한 아시안 주얼

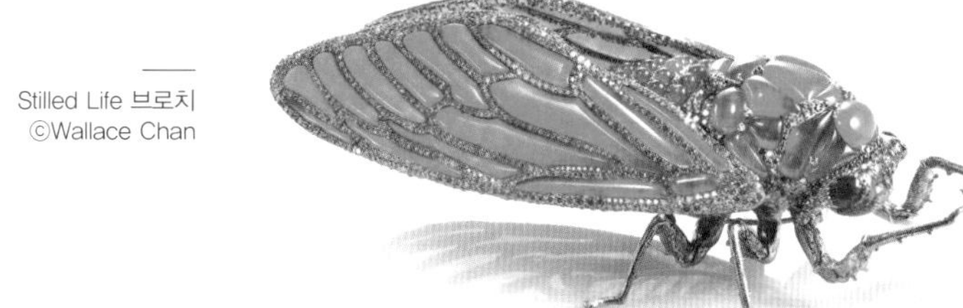

Stilled Life 브로치
©Wallace Chan

Gleams of Waves 브로치
©Wallace Chan

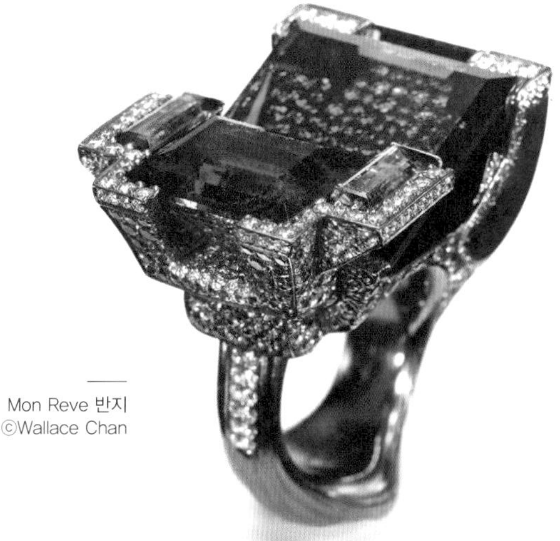

Mon Reve 반지
©Wallace Chan

러다.

자신을 동서양의 교차점에 있다고 말하는 이유는 서양에 대한 호기심을 탐구하며 주얼리를 시작했기 때문이다. 조각가 출신답게 2차원의 이미지를 3차원으로 해석하는 습관이 그의 작업에 큰 도움을 주었다고 한다. 마주 앉아 대화를 나누고 있는 사람을 향해 "당신의 뒤통수를 상상하고 있어요"라고 말할 정도니 말이다. 자신을 '괴물'이라 칭하는 월리스는 턱밑으로 한참을 늘어뜨린 수염과 강한 눈빛에서 묻어나는 선입견과 달리 순수하면서도 괴짜 같은 구석이 있다.

## 월리스에게 앤티크 비엔날레가 주는 의미

지난 30여 년간 월리스 챈은 자신만의 인탈리오 조각 기법을 활용한 월리스 컷의 개발과 초경량 티타늄 소재, 그리고 침수정을 사용한 시크릿 에비스Secret Abyss라는 혁신으로 세상을 놀라게 했다. 모든 감정을 보석과 소통하는 데 소비한다는 월리스가 2014년 두 번째로 참가한 파리 앤티크 비엔날레에서 공개한 38점의 작품에는 섬세하게 묘사한 물고기와 잠자리 같은 구상적인 작품과 추상적인 형태를 추구한 정반대의 작품이 공존한다.

월리스에게 앤티크 비엔날레는 확실히 한계를 확장시키고 우주적인 아름다움을 알릴 수 있는 최적의 플랫폼이다. 비엔날레에 데뷔한 이후 '카빙의 천재', '현대의 르네상스맨'이라는 별명에 이어 '아시아 최초'라는 수식어가 더해졌고, 동시에 다수의 아시안 주얼리 디자이너들에게도 자극을 주었다. 월리스 챈 이후 몇몇 아시아의 유명 디자이너들이 참가 신청을 했지만 비엔날레의 높은 장벽을 넘지는 못했다.

월리스 챈은 다량의 값비싼 보석으로만 꾸민 주얼리가 아닌 철학적인 사상을 담은 독특한 스토리로 작품을 풀어가는 디자이너다. 무엇보다 주얼리 디자인을 보편적인 주얼리의 영역에서 '착용할 수 있는' 새로운 예술적 명작의 수준으로 끌어올렸다는 데서 역사적으로 큰 의미가 있다.

## 주얼리계의 시인이자 건축가이자 정원사, 로렌스 보이머

로렌스 보이머는 루이비통 파인 주얼리의 아트 디렉터로 신생 주얼리 브랜드를 단숨에 럭셔리 주얼리로 끌어올린 장본인이다. 프랑스인 어머니와 독일 출신 외교관이던 아버지를 따라 여러 나라를 다니며 키운 세계적인 마인드와 다양성은, 보이머의 예술적 이력에 중요한 영향을 미쳤다. 특히 건축물을 좋아하고 주변의 모든 것에 흥미와 관심을 두는 성향은 창의성으로 발전되었다. 초기에는 가구, 은기류, 코스튬 주얼리 디자인으로 시작했지만, 파인 주얼러의 꿈을 실현하기 위해 점점 귀보석에 대한 열정과 품격을 높이는 데 몰두했다.

1992년에 코스튬 주얼리에서 파인 주얼리 디자이너로 전환한 보이머는, 1995년 파리의 방돔 광장이 내려다보이는 곳에 개인 쇼룸을 열었다. 당시 파리의 주얼리 업계에서 보이머의 등장은 신선한 충격이었다. 파리의 까다로운 고객들은 보이머의 현대적이고 과감한 스타일에 빠져들기 시작했다. 대학에서 공학을 전공한 것은 기하학적 감각으로 디자인하는 데 도움을 주었고, 작품에는 명확한 현대성을 부여하였다.

## 보이머의 주얼리 세계

보이머에게 있어 가장 중요한 영감은 여성이다. 지금껏 여성들의 욕망과 꿈을 이해하고 느끼기 위해 많은 시간을 할애함으로써 여성들을 상징하는 독특한 주얼리를 만들어낼 수 있었다. 자신의 아내가 뮤즈라고 말하는 것도 같은 맥락이다. 모나코의 샬린 왕비에게 다이아몬드 티아

**로렌스 보이머**
©Lorenz Bäumer

라를 결혼 선물로 제작해준 것도 왕비에게 받은 영감과 '바다'라는 유대감 때문이었다. 전직 수영선수인 샬린과 서핑 애호가인 보이머 사이에는 '물'이라는 공통분모가 있었다. 물방울 다이아몬드 11개로 꾸민 티이라를 통해 부서지는 파도를 아름답게 표현하면서 둘 사이의 연결고리를 만들었다.

보이머는 자신의 파인 주얼리 라인을 시poem, 정원garden, 건축architecture의 세 가지 세계로 분류하며 자신을 주얼리의 시인, 정원사, 건축가라 표현한다. 거의 본능에 따라 디자인하는 보이머이지만, 영감이 바로 떠오르는 디자인이 있는가 하면 복잡한 제품을 만들 때나 특별한 스톤을 구해야 할 때는 몇 년씩 걸려 완성하기도 한다. 재료들을 구성하는 과정에서는 유머감각과 스토리, 놀라움을 가미하기 위해 때로는 운석과 조약돌까지 사용한다.

보이머는 현재 본인의 이름을 건 브랜드의 수장이면서 2009년부터 2015년 5월까지 루이비통 파인 주얼리의 디자인을 총괄 책임졌다. 과거에도 샤넬, 바카라, 까르띠에, 겔랑, 샤를르 에드직, 퓌포카 등 각종 럭셔리 브랜드와의 협업을 성공적으로 이끌었다.

이런 배경에는 파인 주얼리의 도시인 '파리'의 영향이 가장 컸다. 파리에는 파인 주얼리의 노하우를 대를 이어 계승하고 있는 훌륭한 장인들이 있고, 그들이 가진 최고의 기술력은 역사와 문화의 산물이다. 그런 파리를 대표하는 보이머는 자신의 감성을 꺼내는 작업을 통해 브랜드의 정체성을 살리고 다채로운 색의 골드와 보석, 정교한 디자인, 그리고 섬세한 여성성을 강조하고 있다.

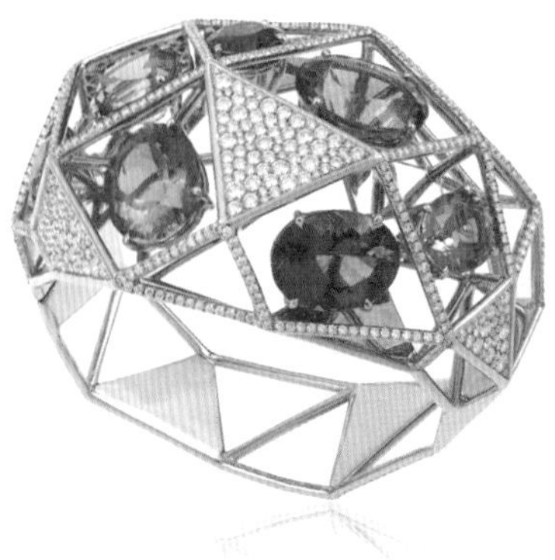

Manchette Mikado 팔찌
©Lorenz Bäumer

BO Oiseaux 귀고리
©Lorenz Bäumer

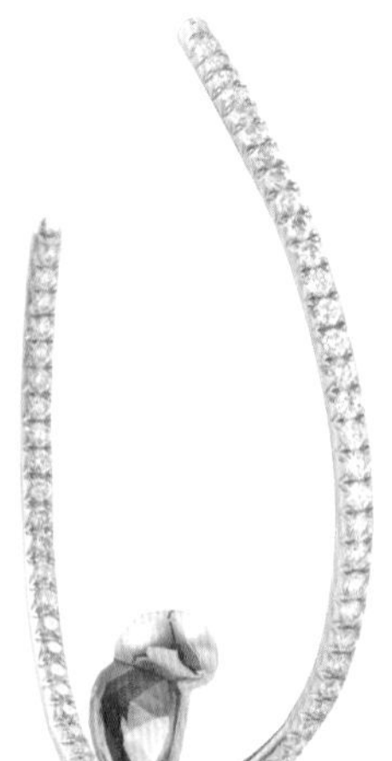

BG Entrelacs 반지
©Lorenz Bäumer

Surf 반지
©Lorenz Bäumer

### 착용할 수 있는 조각품을 만드는 예술가

개인 브랜드로도 20년 동안 6천 점 이상의 주얼리를 창조한 끝에 2013년, 세계 럭셔리 주얼리의 심장부인 파리 방돔 광장에 로렌스 보이머 부티크를 오픈했다. 이는 역사와 전통으로 무장된 럭셔리 하우스들 사이에 자리 잡은 유일한 디자이너 주얼리라는 데 그 의미가 있다.

보이머에게 있어 주얼리는 인생의 심장이고, 예술과 기술의 교차점이며, 욕망이자 즐거움이다. 그리고 그 자신은 착용할 수 있는 조각품을 만들어내는 '예술가'로 불리길 희망한다. 보이머는 최신 유행을 추구하는 것도, 디자인의 기본 원칙만을 고수하는 것도 아닌 오로지 혁신과 놀라움을 만들어내기 위해 디자인을 한다. 그래서 보이머의 작품은 살아 있는 색채와 즐거움으로 가득 차 있어 보는 것만으로도 움츠러든 마음의 문이 활짝 열리는 행복한 경험을 선사한다.

## 지방시 가문의 또 한 명의 천재, 타팽

제임스 타팽 드 지방시의 주얼리에는 문화 역사와 현대성이 융합되어 있다. 패션 디자이너 위베르 제임스 타팽 드 지방시의 친조카인 타팽은 창의성으로 저명한 가문 출신이란 사실을 무거운 왕관이 아닌 운명적인 DNA로 즐기는 모습이다.

## 베르두라의 영향으로 열정을 고취시키다

프랑스 태생이지만 어린 시절부터 열정과 다양성의 도시 뉴욕에 매료된 타팽은 FIT에서 그래픽 디자인을 전공했다. 졸업 후에는 잠시 지방시 플래그십 스토어를 운영하기도 했다. 그러나 경매회사 크리스티의 주얼리 부서에 근무하면서 본격적으로 보석과 주얼리 디자인의 구조, 즉 건축과 공학의 매력에 빠져들었다.

하루는 작은 아버지인 위베르 지방시를 크리스티에 초대했는데, 위베르는 수많은 하이 주얼리 중에서 거대한 보석이 아닌 베르두라의 나뭇잎 모양 브로치에 매료되었다. 이를 계기로 타팽은 주얼리의 예술성을 감상하는 법을 깨우치면서 주얼리에 대한 관점을 바꾸었다.

그렇게 크리스티에서 창의적인 식견을 연마하던 타팽은 1980년대 초 베르두라의 부사장직으로 자리를 옮긴 후 'One of a kind' 주얼리에 전념하기 시작했다. 베르두라가 남긴 드로잉을 통해 진정한 주얼리에 대한 열정을 고취시킨 타팽은, 1996년에 독립하여 뉴욕 매디슨 애비뉴에 자신의 이름으로 살롱을 열었다. 그리고 지금까지 전 제품의 80퍼센트를 맞춤 제작으로 디자인하면서 고객들과 긴밀한 관계를 맺고 있다.

2006년에는 소더비 다이아몬드의 크리에이티브 디렉터로도 합류했다. 그곳에서 180개 이상의 'One of a kind' 피스 컬렉션을 디자인했는데, 다이아몬드의 한계를 넘어선 디자인으로 미래의 컬렉션에 대한 청사진을 제시했다는 호평을 받았다. 2011년부터는 온전히 자신의 작품에만 몰두하고 있다. 자신만의 독창적인 조각적 디자인, 정교한 장

멀티컬러 사파이어,
플래티넘으로 제작한 이어 클립
©FD Gallery

투어멀린과 베네치아 비드로
제작한 소투아르
©FD Gallery

인정신, 그리고 위트 어린 감성으로 현대 주얼리 세계에서 차별화를 구축하는 중이다.

### 모험 정신이 만들어낸 'One of a kind'

타팽은 새로운 것에 실험적으로 도전하는 것을 즐긴다. 그도 그럴 것이 타팽의 고객들은 남들이 갖지 못한 것을 소유하고자 하는 열망으로 가득 찬 사람들이다. 누구나 예측할 수 있는 고루한 법칙을 깼을 때, 또 그것이 미학적으로 가치가 있을 때, 주얼리의 소장 가치에 한결 힘이 실리는 법이다. 그래서 타팽의 디자인에는 위트적인 요소가 필수다. 그렇게 지난 19년간 풍부한 상상력과 새로운 시도에 대한 열정에 자극받아 예상을 뛰어넘는 예술적이고 독창적인 결과물을 만들어내고 있다.

타팽은 20세기의 주얼러인 레이몽 탕플리에, 르네 부아뱅, 수잔 벨페론, 풀코 디 베르두라, 장 슐럼버제의 위대한 작품에서 영감을 받았음을 밝히고 있다. 베르두라와 슐럼버제가 미국으로 온 후 1930~1940년대의 주얼리는 폭발적인 창의력과 다채로운 컬러의 시대였다. 이에 깊은 영감을 받은 타팽 역시 유색보석 각각의 개성을 극대화시키는 조각적인 디자인과 고무, 세라믹, AK-47 소총을 재활용한 강철 등 예상치 못한 재료를 사용해 이름을 알려왔다. 다이아몬드를 청동에 세팅하고 루벨라이트를 알루미늄에 세팅하는 등 다른 하이엔드 디자이너들은 시도하지 않을 재료의 조합을 선호한다. 소총이 그렇게 우아한 주얼리로 변신할 거라고 그 누가 생각이나 했겠는가?

남양 진주 비드와
에메랄드로 제작한 목걸이
©FD Gallery

타팽은 컬러를 이야기할 때면 더욱 활기가 넘친다. 토마토 레드와 초콜릿 브라운은 타팽이 가장 애용하는 컬러다. 뉴욕 아파트에도, 쇼룸에도 레드와 브라운은 항상 눈에 띄는 곳에 있다. 타팽이 유독 스피넬, 만다린 가넷, 멕시코 파이어 오팔 같은 레드 스톤을 애용하는 이유도 색채에 대한 남다른 열정 때문이다. 또한 세라믹을 새롭게 적용하는 방식에 대해서도 연구하는 중이다. 어떤 반지에는 핑크색의 멜로 진주와 레드 세라믹, 그리고 로즈 골드로 강렬한 색의 대비를 강조한다. 핑크색 쿤자이트와 레드 세라믹도 타팽의 디자인에서는 극적인 조합이 된다.

## 하나의 건축물을 완성하듯이

타팽에게 파인 주얼리란 하나의 건축물을 완성시키는 작업이나 마찬가지다. 아니, 조각을 맞추는 퍼즐이라고 생각하면 된다. 구조적인 디테일에 대한 집착은 타팽의 타고난 재능이기도 하다. 그래서 소재끼리 서로 완벽하게 맞고, 착용할 수 있을 만큼 단단한지는 매우 중요하다. 타팽은 보석이 어떻게 금속에 고정되어 있는지 사람의 눈으로 쉽게 식별할 수 있는 세팅은 용납하지 않는다. 확대경으로 들여다보았을 때 금속에 그 어떤 흠이 보여서도 안 될 뿐 아니라 파베 세팅에 단 한 개의 불규칙성이 드러나서도 안 된다.

또한 타팽에게 주얼리는 만드는 사람과 착용하는 사람이 누구인가를 투영하는 감성적인 오브제이기도 하다. 따라서 주얼리에는 예술성,

지성, 논리가 담겨 있어야 한다고 믿는다. 그래서인지 타팽의 작품에서는 제2차 세계대전 이전 파리의 화려함과 21세기 뉴욕의 현대적이고 세련된 스타일을 모두 발견할 수 있다. 아마도 선대에게 물려받은 예술적인 유전자를 바탕으로, 기성 시인과는 다른 문법으로 시를 쓰고 있기 때문일 것이다.

## 인도의 JAR,<br>바갓

비렌 바갓에게는 '인도의 JAR'이라는 별칭이 따라다닌다. 1년에 60~70점의 주얼리를 특정 고객들에게만 디자인해주는 방식이 JAR과 닮았기 때문이다. 또한 바갓은 주문 제작이 아닌 자신이 원하는 디자인만 한다. 하나의 반지를 만들기 위해 가장 적합한 보석을 구할 때까지 10년도 넘게 기다리는 완벽성마저 JAR과 똑같다. 그리고 JAR의 작품처럼 바갓의 작품에도 한눈에 바갓의 디자인임을 알아보게 만드는 무언가가 있다.

### 인도의 찬란한 보석 유산

바갓이 태어나 살고 있는 인도는 전통적으로 주요 귀보석의 원산지다. 1729년에 브라질에서 광산이 개발되기 전까지는 세계 유일의 다이아몬드 원산지이기도 했다. 19세기 말에서 20세기 초 유럽의 주얼리 하우스에서 인도의 왕족을 위한 디자인을 시작한 것도 인도의 어마어마한 보석 유산에 매혹되었기 때문이다. 당시 인도의 모티브가 반영된 디자인은 유럽에서 폭발적으로 유행했다.

그런 인도라는 에너지를 고스란히 물려받은 바갓에게 주얼리는 처음부터 예술작품의 개념이었다. 바갓의 작품은 전통적인 인도의 텍스타일과 건축, 미술, 특히 16~17세기의 무굴제국 시대에서 영감을 받은 디자인을 천연 귀보석으로만 제작한다. 무굴양식은 이슬람 문화와 힌두 문화의 융합물이다. 여기에 그만의 독특한 개성과 현대적인 요소가 가미되어 과거를 공명하는 작품으로 거듭나는 것이다.

바갓의 주얼리에서 가장 독특한 점은 최소량의 금속을 사용해 보석을 완전한 주인공으로 만드는 스타일이다. 바갓이 골드가 아닌 플래티넘만 사용하는 이유도 이 때문이다. 플래티넘으로 세팅을 최소화하면 보석이 공중에 떠 있는 듯 가볍고 환상적인 효과를 낼 수 있다. 물론 보석의 형체가 더욱 뚜렷하게 부각되는 장점도 있다. 이런 바갓의 디자인은 벨 에포크 시대의 주얼리를 떠올리게 한다. 바갓의 작품과 벨 에포크 주얼리에는 희귀한 앤티크 천연진주와 최고의 다이아몬드, 그리고 귀족적인 우아함이라는 공통점이 있다. 전통과 현대성의 완벽한 조화로 만들어진 정교한 디테일은 바갓의 주얼리임을 한눈에 알아볼 수 있게 만드는 요소다.

천연진주와 다이아몬드로
제작한 이어 클립
ⓒFD Gallery

카시미르산 사파이어와
다이아몬드로 제작한 반지
ⓒFD Gallery

## 오직 귀보석과 플래티넘뿐

바갓이 애용하는 보석은 밝은 컬러의 에메랄드와 루비, 사파이어, 스피넬 같은 유색보석, 그리고 은은한 광택이 흐르는 천연진주와 다이아몬드다. 바갓의 작품에서 다이아몬드는 주인공의 역할뿐 아니라 때때로 컬러 스톤을 감싸주는 꽃잎 모양으로 거듭난다. 이 꽃잎 모티브는 인도의 전통적인 쿤단 스타일 세팅에서 모티브를 차용한 것이다. 엄격하게 선별된 앤티크 천연진주는 최상의 품질과 광택, 은은한 빛깔을 자랑한다. 바갓이 이렇게 철저하게 소재를 제한하는 이유는 무엇일까?

"이유는 단순합니다. 과거 마하라자나 공주의 초상화를 보면 모두 준보석이 아닌 귀보석을 착용하고 있으니까요."

과거 인도 왕실의 주얼리처럼 엄격한 제한을 둘 때 오히려 상상력이 더욱 자극된다는 이야기도 덧붙인다. 마치 퍼즐을 만들어놓고 그것을 풀기 위한 작업을 하는 듯하다.

바갓에게 보석이란 사람과 마찬가지로 본질적으로 매력적이고 흥미로운 존재다. 좋은 보석과 덜 좋은 보석을 구별할 수는 있지만, 커팅이 완벽하지 않은 보석이라도 분명 아름다운 요소는 있기 마련이다. 자연에서 만들어진 것에는 모두 아름다움이 존재하기 때문이다. 바갓이 오래 전 고갈된 골콘다 광산의 앤티크 다이아몬드 광팬인 것만 봐도 그렇다. 테이블 컷으로 연마된 골콘다 다이아몬드는 현대의 브릴리언트 컷 다이아몬드와 달리 부드럽고 정적인 광채를 발산한다.

그러나 바갓의 주얼리에는 분명히 강한 유럽 스타일의 완성도와 정

다이아몬드와
플래티넘으로 제작한 팔찌
©FD Gallery

천연진주와 다이아몬드로
제작한 반지
ⓒFD Gallery

교함도 있다. 인도와 유럽의 최고들을 모은 결과물이자 지구상 어디에도 없는 주얼리 스타일을 창조하겠다는 철학을 엿볼 수 있다.

바갓의 작품에는 인도의 주얼리 제작 노하우에 대한 자부심도 깊게 깔려 있다. 바갓이 선호하는 커팅 스타일이나 '보이지 않는 경첩' 같은 세공 방식을 보면 제작 기술에도 인도적인 요소가 강하게 반영되어 있음을 알 수 있다. 바갓은 기계가 만들어내는 완벽함은 본연의 아름다움을 감소시키고, 핸드 메이드의 불완전성이 진정한 아름다움을 만들어낸다고 믿고 있다.

## 인도를 향한 열병, 아르데코 시대를 추억하다

바갓이 사랑하는 인도의 모티브는 과거 아르데코 시대 유럽을 찬란하게 빛낸 주역이기도 하다. 까르띠에 설립자의 손자인 자크 까르띠에가 1911년 봄베이에 도착했을 때 인도의 왕자는 보석으로 가득 찬 트렁크를 그에게 건넸다. 그리고 당대의 유행을 반영한 세련된 유럽 스타일로 디자인해줄 것을 요청했다.

인도의 디자인과 각종 유색보석에 매혹된 까르띠에는 망고 잎이나 연꽃, 터번 태슬, 암렛armlet(팔 위쪽에 끼는 팔찌), 그리고 발찌 같은 인도적인 모티브에 동화되어 1920년대에 이들을 완벽하게 아르데코 스타일로 변신시켰다. 원색의 루비, 에메랄드, 사파이어는 무굴양식이라는 옷을 입고 꽃과 잎, 열매 모양으로 정교하게 조각되었다. 곧이어 이들은 '투티 프루티Tutti Frutti 스타일'로 불리며 까르띠에의 대표 스타일로 자리 잡게 되었다. 아르데코의 열병에 빠진 마하라자의 아이덴티티에 하우스의 노하우를 녹인 것이 완전히 새롭고 독창적인 스타일로 창조된 것이다.

1920년대 까르띠에 디자인을 가장 존경한다는 바갓과, 인도의 영감을 받은 까르띠에의 디자인에는 이렇듯 시대와 스타일을 초월한 공통분모가 있다. "동서양의 만남은 결코 다루기 쉬운 모티브가 아닙니다. 정교하게 균형을 잡아야 하기 때문이죠." 바갓의 작품에는 과거의 영감이 깊게 흡수되어 있다. 그리고 그 영감은 가장 현대적인 에너지를 내뿜으며 재창조되고 있다.

# 부록

## 스몰 럭셔리,
## 주얼리를 말하다

*Jewelry Story*

## 여자들은 왜 다이아몬드에 열광할까?

먼저 이 글을 쓰는 나 역시 다이아몬드 예찬론자임을 고백한다. 그렇지만 소위 'D/Flawless'라는 완벽한 등급의 다이아몬드에만 열광하는 것은 아니다. '순수한 것이 아름답다'는 관점에서 다이아몬드의 가장 완벽한 상태는 다듬어지지 않은 원석 그 자체일지도 모른다. 그저 지구 깊은 곳에서 태어나 지표까지 나오는 데 수십억 년이라는 여정을 거친 다이아몬드의 인고의 시간을 존중할 뿐이다. 그래서 이렇게 오래된 생존자를 구성하고 있는 다이아몬드 속의 각종 내포물 하나하나를, 심지어 100년이 넘은 앤티크 주얼리를 구성하고 있는 올드 마인 컷old mine cut이나 로즈 컷rose cut 다이아몬드처럼 덜 반짝이며 어딘가 불완전한 모습, 때로는 자연의 흔적이 남아 있는 그 존재마저도 사랑한다.

인간 세계에서 '흠'으로 규정하는 각기 다른 형태의 천연 내포물도 사실 다이아몬드에는 의미 있는 '아이덴티티'다. 다른 스톤과 구별할 수 있는 지문指紋인 셈이다. 게다가 인간이라는 소유주를 만나 스토리를 입어가니 이 세상에 똑같은 다이아몬드란 존재할 수 없다. 어떤 모습으로든 사랑받아 마땅할 존재다.

다이아몬드

고온고압이라는 까다로운 조건 속에서 탄소가 변한 물질이 바로 다이아몬드다. 그리고 여자의 아름다움에 대한 끝없는 욕망의 중심에는 다이아몬드가 있었다. 역설적으로, 그간 수많은 유명인들을 매료시킨 다이아몬드도 세상에 여자가 없다면 그저 탄소 덩어리에 불과하다는 뜻일 것이다. 오랫동안 여성들의 원초적 감정을 자극해온 다이아몬드의 저력은 과연 어디에서 나온 것일까?

## 언약의 증표, 다이아몬드

고대 그리스인들은 다이아몬드의 눈부신 광채는 계속해서 타오르는 사랑의 불꽃으로, 단단한 성질은 영원한 사랑을 맹세하겠다는 의지로 해석했다. 또한 다이아몬드가 최초로 발견된 인도에서 다이아몬드는 악의 기운을 막아주는 마력의 존재였다. 고대의 점성술사들은 다이아몬드가 영원한 사랑을 도와주고 주술이나 악몽에서 벗어나게 해준다고 믿었다. 무엇보다 땅속에서 최소 1억 년에서 수십억 년이라는 긴 시간을 견뎌냈으니 '영원한 사랑'이라는 말보다 더 이상 어울리는 표현은 없었으리라.

그 가운데에서도 다이아몬드가 언약의 증표로 사용된 가장 큰 이유는 고유의 단단한 성질 때문이다. 다이아몬드라는 이름이 '정복될 수 없다'는 뜻의 그리스어 '아다마스adámas'에서 유래된 것만 봐도 그렇다. 광물의 굳고 무른 정도를 수치로 나타낸 모스 경도에서도 다이아몬드는 10이라는 최고점에 놓여 있다. 다이아몬드는 다이아몬드 외에 어떤 광물로도 긁히지 않는다. 서로에게 상처만 주지 않는다면 영원히 아픔 없이 행복하게 지낼 수 있다고 해석하는 근거가 여기에 있다.

반지라는 장신구는 이집트의 파라오가 시작과 끝이 없는 '원'의 형태에 의미를 부여해 처음 사용했다고 전해진다. 반지를 결혼 서약의 도구로 사용한 것은 로마 시대부터다. 그러나 그때만 해도 반지에 다이아몬드를 세팅한 것은 아니다. 다이아몬드 반지가 언약의 의미로 쓰인 역사는 1477년 오스트리아의 막시밀리안 대공이 프랑스 버건디 지방의 메리라는 공주에게 청혼하면서 시작되었다. 정치적 이해관계로 맺어진 정략결혼이었지만 그들은 다이아몬드로 약속한 사랑을 지키며 행복하게 여생을 보냈다고 한다.

사실 막시밀리안 공이 결혼할 때만 해도 다이아몬드가 매우 귀했다. 때문에 심장을 상징하는 빨간 루비와 천국을 상징하는 푸른 사파이어가 더욱 선호되었다. 18세기 초에 이르러서야 브라질 아마존 강 유역에서 다이아몬드가 다량으로 발견되면서 귀족이나 부자들도 소유할 수 있는 보석이 된 것이다. 동시에 새로운 연마 기술이 하나 둘 발명되면서 다이아몬드가 사랑의 증표로 간주되기 시작한다.

다이아몬드가 더 대중화된 시점은 19세기 들어 남아프리카에서 대규모 광산이 발견된 이후다. 오늘날 많은 여성들의 로망이 된 티파니 세팅의 6프롱 다이아몬드 반지도 이 무렵인 1886년에 소개되었다. 그러나 본격적인 다이아몬드 소비의 분수령은 1947년 드비어스가 '다이아몬드는 영원히A Diamond is Forever' 마케팅 캠페인을 하면서부터다. 여성들에게 다이아몬드를 통해 행복한 결혼 생활이 영원히 지속될 수 있다는

드비어스의 캠페인에
힘입어 다이아몬드는
영원한 사랑의 상징이 되었다.

바갓의 다이아몬드 반지
ⓒFD Gallery

환상을 심어주기 시작한 것이다.

이후 드비어스는 공급을 조절함으로써 다이아몬드의 희소성을 배가시켰다. 이런 노력에 힘입어 어느덧 여성들에게 다이아몬드는 설렘의 상징이자 24시간 몸에 지닐 수 있는 사랑의 증표가 되었다. 게다가 세팅을 바꿔도, 세월이 흘러도 다이아몬드 고유의 가치는 흐트러지지 않으니 이 얼마나 매력적인가!

여기에 여자들의 아름다움에 대한 과시, 신분 상승 욕구, 그리고 소유에 대한 본능적인 집착이 깔리면서 다이아몬드는 사랑과 욕망의 경계선을 아슬아슬하게 넘나들었다. 다이아몬드를 향한 열띤 러브콜은 독립적인 여성들도 다를 바 없었다. 하지만 수십억 년간 지구의 에너지를 고스란히 담아온 다이아몬드의 내공을 헤아려보면 이런 열병을 이해 못할 것도 없다. 세월이 흘러도 그 가치는 변하지 않으니 불변과 불멸의 상징으로 끝없는 열망의 대상이 될 수밖에 없는 것이다.

### 이미 자연에서 결정된 다이아몬드의 가치

다이아몬드 1캐럿을 얻기 위해서는 약 250톤의 광석을 캐내야 한다. 그나마 대부분은 공업용이고, 보석용은 그중 20~25퍼센트에 불과하다. 이마저도 상품화하기 위해서는 연마 작업을 거쳐야 한다. 이 과정에서 원석의 50퍼센트 이상이 손실된다. 하지만 결과적으로는 '아름다움'을 얻어 훨씬 더 큰 부가가치를 창출하는 것이다. 그렇게 가공된 다이아몬드는 4C, 즉 중량Carat Weight, 투명도Clarity, 색Color, 커팅Cut 별로 등급을 결정한다.

우리는 대부분 다이아몬드를 깔끔하게 연마된 모습으로 접한다. 그러나 완벽한 상태를 결정짓는 것은 결국 원석, 즉 자연의 몫이다. 아무 원석이나 놓고 "이런 모양, 이런 색, 이런 투명도로 만들어야겠다"고 자신 있게 말할 수는 없다. 원초적인 형태가 결과물을 지배하기 때문에 결국 인간은 자연이 제공한 상태에서 균형과 비율을 맞추고 최대한 흠과 내포물을 제거할 뿐이다. 어떤 때는 그마저도 여의치 않으니 아무리 기술이 발달해도 원석에 없는 무언가를 새로 창조해낼 수는 없다. 인간의 노력으로 아름다워질 수는 있지만, 자연 그대로의 본판이 중요하다는 사실을 잊지 말아야 한다.

## 팬시 컬러 다이아몬드의 부상

최근 럭셔리 시장에서는 컬러 다이아몬드의 열기가 뜨겁다. 정확한 용어로 '팬시 컬러 다이아몬드'라고 부르는데, 색이 있는 다이아몬드는 약 1만 개 중 한 개 꼴로 나온다. 사실 컬러 다이아몬드에 비하면 무색 다이아몬드는 우리가 생각하는 만큼 손에 넣기 힘들지 않다.

현재 지구상에는 옐로, 핑크, 블루, 그린, 오렌지, 브라운, 바이올렛,

12.04 캐럿의 팬시 비비드 컬러
마샨 핑크(Martian Pink) 다이아몬드
©Christie's

그레이, 퍼플, 레드, 블랙, 밀키 화이트, 이렇게 12가지 팬시 컬러 다이아몬드가 있다. 천연 팬시 컬러 다이아몬드로 분류되기 위해서는 인위적으로 색을 넣으면 안 된다. 따라서 모든 색을 다 합쳐도 매년 채굴되는 총 다이아몬드 원석의 1퍼센트에도 미치지 못한다. 무색 다이아몬드가 깨끗하고 반짝이는 순수함에 높은 가치를 둔다면, 팬시 컬러 다이아몬드는 이러한 희소성 때문에 컬렉터들의 추앙을 받는다.

이 중에서도 귀하기로는 레드 다이아몬드를 따라올 것이 없다. 레드 다이아몬드라고 공인된 스톤은 전 세계에 20~30여 개밖에 없다. 그나마 대부분이 0.5캐럿 이하이고 5캐럿이 넘는 것은 지구상에 단 세 개만 존재한다. 공식적으로 가장 큰 레드 다이아몬드는 브라질에서 발견된 5.11캐럿의 '모사이에프 레드Moussaieff Red'다.

이 외에도 러시아의 퍼플, 남아프리카의 블루와 오렌지, 브라질의 그린, 호주의 핑크 다이아몬드 역시 주요 경매에 등장했다 하면 최고가를 갱신한다. 여자들보다 오히려 투자가 목적인 남자들이 더욱 열광하니, 다이아몬드가 여자들의 최고의 친구라면, 팬시 컬러 다이아몬드는 '남녀 모두'를 통틀어 최고의 친구인 셈이다.

## 주얼리를 알고 싶다면 스톤을 보라

보통 무색의 다이아몬드로 보석의 세계에 입문한다면 다채로운 컬러 스톤에 눈을 뜨는 때는 어느 정도 삶이 무르익은 시점에 이르러서다.

그라프의 8.62캐럿
미얀마산 더 그라프 루비
ⓒSotheby's

어느 순간 오묘한 자연의 색에 빠져들면서 무궁무진한 세계에 놀라고 이내 마음을 움직이는 색을 발견하게 된다. 또한 투자 목적에 있어서도 고품질의 컬러 스톤은 다이아몬드 못지않게 각광받는 존재다. 그렇다면 1캐럿 당 10억여 원에 달하는 '더 그라프 루비The Graff Ruby'와 몇십만 원짜리 1캐럿 루비에는 어떤 차이가 있을까?

## 아는 만큼 보이는 컬러 스톤

앞서 말한 4C는 다이아몬드에서만 절대적인 기준이다. 컬러 스톤에서 어설프게 4C를 운운했다가는 애송이로 낙인찍힐지도 모른다. 컬러 스톤에 있어서는 '아는 만큼 보인다'는 말이 가장 적절하다. 그렇다면 무엇을 알아야 할까?

컬러 스톤은 다이아몬드처럼 세계적으로 동일한 도매 시세가 공시되지 않는다. 다이아몬드의 4C 같은 공인된 등급에 따른 가격 체계가 갖추어지지 않았다는 뜻이다. 1캐럿 루비만 해도 시중에는 몇 만 원에서 기천만 원대까지 다양한데, 이에 대한 공식적인 등급 체계가 존재하지 않는다. 대체적으로 '색상이 좋을수록(빨강에 보라끼가 살짝 도는 '비둘기 피'색이 최상질의 루비다) 비싸다'라고 보면 된다. 물론 투명도가 높을수록 가격이 올라가고 균형 잡힌 커팅일수록 보석의 가치는 더욱 높아진다. 스톤의 중량이 많이 나갈수록 가격이 상승하는 것도 당연한 이치다.

지금까지 언급한 것이 바로 4C인데, 다이아몬드의 기준과 달리 컬러 스톤에서는 컬러의 가중치가 절대적으로 높다. 빛나야 하는 다이아몬드는 광채를 극대화하기 위해 균형 잡힌 커팅이 가장 중요하고, 투명도와 컬러는 그다음 순이다. 반면 컬러 스톤은 이름에서 알 수 있듯이 색상 자체가 존재의 이유다. 때문에 순수하고 아름다운 색상이 보석의 가치를 결정하는 핵심 요소가 되는 것이다.

세상에 보석으로 쓸 수 있는 컬러 스톤은 지구상에 100여 종이나 존재한다. 그리고 각 종류 안에서 모두 다른 기준에 따라 다른 가격대가 형성되어 있다. 어떤 종류는 너무 흔해서, 또는 인기가 없는 색상이라서(대개 갈색이나 노란색 종류), 너무 물러서 등 여러 이유로 가격대가 낮다. 색상이 아름답고 희귀한데도 그보다 흔한 다른 스톤보다 가격이 낮은 경우가 있다. 이는 사람들이 잘 찾지 않거나, 이름이 헷갈려서일 수도 있고, 가끔은 전문가조차 딱히 대답하기 애매한 경우도 있다. 컬러 스톤의 가격에는 이렇듯 생각보다 변수가 다양하다.

### 귀한 보석과 덜 귀한 보석의 차이는?

우리에게 친근한 이름인 루비, 사파이어, 에메랄드는 다이아몬드와 함께 '귀보석precious stone'이라는 고급스러운 이름으로 묶인다. 그리고 그 기

불가리의 디바 컬렉션
Dining in the Harbour 목걸이
ⓒBulgari

준에 의거하여 나머지는 모두 '준보석semi-precious stone'이라 부른다. 왜 아름다운 보석을 귀보석과 준보석으로 나눈 것일까?

이렇게 귀보석과 준보석으로 나뉜 전통적인 분류체계는, 고대 그리스에서 보석의 희귀성과 단단함을 중요시한 데서 기인한다. 그래서 현대의 전문가들은 소비자의 이해를 돕기 위해 시대적 흐름을 반영해 컬러 스톤을 더 알기 쉽게 분류했다. 전통 강자, 뉴 클래식, 전문 보석, 일반 보석, 네 가지 카테고리로 나누면 이해가 쉽다. 같은 카테고리 안에 속하더라도 인기와 품질이 가격에 영향을 미친다는 사실을 명심하자.

전통 강자는 소위 '빅 3'라 불리는 루비, 에메랄드, 블루 사파이어다. 누구나 알고 있듯이 역사도 뚜렷하고 색상도 보편적으로 아름답기 때문에 시대와 스타일을 초월해서 사랑받는 보석들이다. 빅 3 내에서도 일반적으로 루비와 에메랄드가 같은 품질의 사파이어보다 비싼 이유는 희귀성 때문이다.

뉴 클래식 그룹은 소위 '떠오르는 스타' 그룹이다. 탄자나이트, 투어멀린, 아쿠아마린, 임페리얼 토파즈, 차보라이트 등 오늘날 많은 브랜드에서 애용하고 있는 보석이다. 사실 이 그룹에서 보통 품질에 표준 크기는 비교적 쉽게 구할 수 있다. 그러나 크고 품질이 좋은 스톤을 찾다 보면 왜 이 그룹의 인기가 높은지 알게 된다.

한편 전문 보석 그룹은 고유의 희귀성으로 인해 특정 소비층의 열렬한 사랑을 받는 보석들이다. 블랙 오팔, 비취(경옥), 핑크 토파즈, 팬시 컬러 사파이어, 디멘토이드 가넷, 알렉산드라이트, 캣츠 아이 크리소베릴 등이 속해 있다. 이미 들어본 이름도, 또 생소한 이름도 있을 것이다. 모두 가격대가 높다는 공통점이 있는데 조명에 따라 색이 바뀌는 알렉산드라이트 같은 경우는 도매가 기준으로 캐럿당 천만 원이 훌쩍 넘어간다. 이 보석으로 디자인한 주얼리는 예술적 가치를 인정받는 것들이 많다.

마지막으로 일반 보석 그룹은 다양한 색상과 합리적인 가격대, 수급도 수월해서 우리에게 가장 친근한 종류다. 자수정, 화이트 오팔, 시트린, 페리도트, 블루 토파즈, 아이올라이트, 쿤자이트, 라피스 라줄리, 오닉스, 호박, 연옥 등이 속한다. 부담 없는 가격 때문에 컬러 스톤에 입문하는 사람들에게 적합하다.

## 컬러 스톤은 색이다

이렇듯 다이아몬드보다 훨씬 다양하고 복잡한 컬러 스톤이지만 지레 겁부터 먹을 필요는 없다. 일단 색상을 우선순위로 두면 된다. 색이 깨끗하고, 선명하며, 천연의 것이어야 가치가 높다. 따라서 그 보석의 진정한 색이 무엇인지 먼저 파악할 필요가 있다. 컬러 스톤의 색은 종류별로 다양하기 때문에 전문가가 아닌 이상 고유의 색을 가려내기가 힘들다. 투어멀린만 해도 핑크, 그린, 퍼플, 블루 등 거의 모든 색상이 나온다고 보면 되는데, 그중에서도 가장 귀한 것은 파라이바 지역에서 나오는 선명한 트로피칼 아쿠아 블루 색상이다. 쿤자이트의 경우 브라운이 제일 흔하고 핑크가 가장 귀하고 비싸다.

그러나 색이란 매우 주관적인 요소다. 에메랄드만 해도 어떤 이는

베르두라의 사파이어, 자수정,
스피넬로 제작한 브로치
ⓒVerdura

트로피칼 아쿠아 블루 컬러의
파라이바 투어멀린
ⓒSutra Jewels

깊고 진한 녹색을, 어떤 이는 밝고 선명한 초록색을 선호한다. 결국 투자가 아닌 착용이 목적이라면 마음을 움직이는 색에 초점을 맞추는 것이 좋다.

다음으로 내포물이 얼마나 있는지, 투명도가 얼마나 높은지도 중요하다. 그러나 보석 자체의 색이 훌륭하다면 투명도는 그다음 문제다. 에메랄드같이 기본적으로 내포물이 많은 종도 있다.

스톤의 단점을 가리거나 개선하기 위해 어떤 처리법이 사용되었는지 구입 전에 반드시 확인해야 한다. 대체적으로 크게 문제가 되지 않는 처리법은 에메랄드에 오일링oiling을 해서 투명도를 향상시킨다든지, 사파이어나 루비에 열처리를 해서 색과 투명도를 높이는 것이다. 그러나 아무리 사소한 수준일지라도 처리된 보석과 처리되지 않은 보석은 '투자'의 개념으로 접근하면, 그 차이가 어마어마해진다. 각별히 주의해야 할 처리법은 염색이다. 염색을 했는지, 안 했는지에 따라 가격 차이가 크기 때문에 구입 전에 반드시 파악해야 한다.

원산지 역시 중요한 요소다. 역사가 깊은 보석군 중 특정 산지에서 채굴된 스톤은 우리의 상상 이상으로 가치가 높다. 전통적으로 콜롬비아산 에메랄드는 브라질산 에메랄드보다 가치가 높고, 브라질산 에메랄드는 잠비아산 에메랄드보다 높이 평가된다. 브라질 파라이바 지역에서 채굴된 투어멀린은 모잠비크의 투어멀린보다 비싸고, 미얀마산 루비와 사파이어는 아프리카산보다 귀하다. 그러나 사파이어만큼은 카시미르와 실론에서 채굴한 것이 미얀마산보다 귀하다.

전통적인 유색보석 광산은 이미 고갈되었거나, 점차 고갈되어 가는 중이기 때문에 희소성으로 인해 가격이 상승할 수밖에 없는 상황이다. 투자가 목적일 경우 희소성은 매우 중요한 요소다. 이 외에도 유행이나 패션도 고려해서 구입하는 것이 좋다.

## 럭셔리 주얼리, 그들의 전쟁이 시작되었다

럭셔리란 필요의 대상이 아닌 갈망의 대상이다. 물론 그 안에서도 기능을 찾아 소유를 합리화할 수는 있겠지만 럭셔리는 결코 실용성을 목적으로 하지 않는다. 럭셔리에 대한 욕구와 열망은 우리의 지갑을 열게 만든다. 인간의 욕구를 유발하고 충족시키면 가격이나 수요의 한계가 사라지니 이것이 바로 야릇한 럭셔리의 세계다.

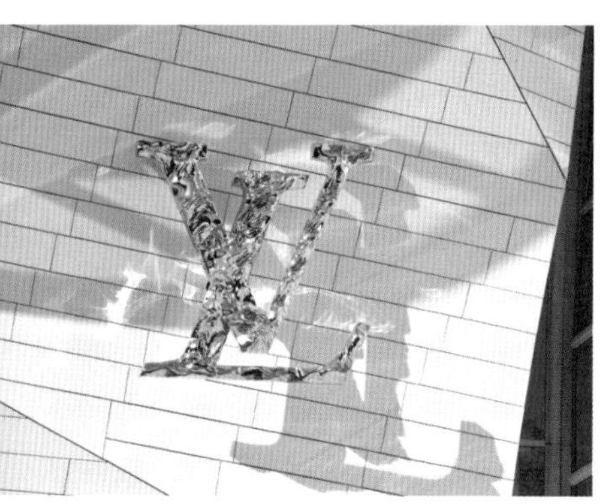

루이비통 그룹
©meunierd/shutterstock

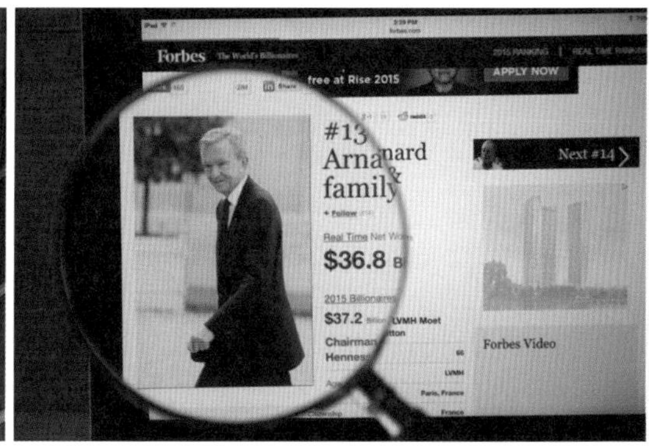


LVMH 그룹의 수장 베르나르 아르노 회장
©aradaphotography/Shutterstock

불가리를 대표하는
세르펜티 컬렉션
ⓒBulgari

## 럭셔리 그룹과 주얼리 브랜드

오늘날 세계의 럭셔리 시장은 기업의 인수합병을 통해 LVMH, 리치몬트, 케어링, 이렇게 3대 그룹이 장악하고 있다. 그리고 주변에는 거대한 독립 회사들이 언제 어떻게 재편될지 모르는 상황에 놓여 있다.

그중 가장 큰 규모를 자랑하는 LVMH는 1987년 프랑스의 '루이비통 패션 하우스'와 '모에 헤네시'의 합병으로 탄생했다. 본격적으로 거대 기업으로 발전한 것은 1990년대부터다. 그룹의 수장인 베르나르 아르노 회장은 공격적인 인수합병을 통해 럭셔리를 전 세계에 확산시킨 인물이다. 아르노 회장은 럭셔리에 패션의 특징인 실험정신, 우아함, 리뉴얼이라는 개념을 도입했다. 이에 따라 외부에서 디자이너를 기용하거나 예술가와의 협업을 통한 트렌디하고 창의적인 경영을 추구해왔다. 디자이너의 창의성을 신뢰하고 이에 전적으로 의지한다는 반증이다.

리치몬트 그룹 소속 까르띠에
ⓒTonyV3112/Shutterstock

LVMH의 주얼리 브랜드로는 불가리, 드비어스, 쇼메, 프레드가 있다. 이 중 가장 늦게 합류한 불가리는 지난 2011년 LVMH에서 50퍼센트의 프리미엄까지 지불하고 브랜드 인수를 감행해서 화제가 되었다. 주얼리와 시계 부문의 성장잠재력을 파악하고 이를 강화하기 위한 그룹의 전투적인 의지로 해석할 수 있다.

한편 리치몬트는 시계와 보석 부문에 중점을 둔 스위스 기반의 럭셔리 그룹이다. 남아프리카 공화국 출신의 요한 루퍼트가 CEO로 있다. 주요 라인업은 까르띠에, 반클리프 앤 아펠, 피아제, 바쉐론 콘스탄틴, IWC 등의 하이 주얼리와 초고가 시계 브랜드로 구성되어 있다. 이 외에도 하이엔드 e-커머스 유통사인 네타포르테와 클로에, 알라이아 같은 패션 브랜드를 위시한 소프트 럭셔리도 보유하고 있다.

2014년에는 그룹의 크리에이티브 디렉터 출신 잠피에로 보디노의 이름으로 하이 주얼리 브랜드를 론칭하여 럭셔리 그룹 사상 최초의 디자이너 주얼리 브랜드 발굴 사례가 되었다. 잠피에로 보디노는 소수의 특수 고객에게만 '세상 하나뿐인one of a kind' 디자인을 해주는 로우키low-key 전략을 표방하고 있다.

세 번째는 '구찌 그룹'이라는 이름으로 더 잘 알려진 케어링 그룹이다. 2013년 사명을 PPR에서 케어링으로 공식 변경했다. 라이벌인 LVMH와는 다르게 일찍이 2세인 프랑소와즈 앙리 피노 체제로 굳혀졌다. 구찌 그룹이라는 별칭에서 알 수 있듯이 원래는 의류잡화 중심이었다. 주얼리 브랜드로는 유일하게 프랑스의 부쉐론을 소유했는데 재작년부터 이탈리아의 포멜라토, 도도, 홍콩의 키린을 차례로 인수해 주얼리 부문을 강화하려는 움직임을 보이고 있다.

럭셔리 3대 그룹은 아니지만 시계 전문 그룹인 스와치는 리치몬트와는 다르게 저가의 스와치나 티쏘부터 럭셔리 브랜드인 브레게, 블랑

팡, 오메가까지 모든 소비자층을 만족시키는 다양한 라인업을 자랑한다. 2013년에는 더욱 완벽한 포트폴리오를 완성하기 위해 뉴욕 기반 럭셔리 주얼리와 시계 브랜드인 해리 윈스턴을 인수했다.

이렇게 세계의 럭셔리 주얼리 시장은 점차 큰 그룹을 중심으로 재편되는 양상이다. 그러나 그룹 소속은 아니지만 스위스의 쇼파드, 미국의 티파니, 영국의 그라프, 이탈리아의 부첼라티 등 독립군들도 먹고 먹히는 전쟁터 속에서 맹렬하게 이름을 지키고 있다. 물론 이들의 앞날은 그 누구도 예측할 수 없다.

한편 패션 하우스의 약진도 두드러진다. 역사적인 보석상 태생은 아니어도 디올과 루이비통은 빅투아르 드 카스텔란과 로렌스 보이머라는 유명 디렉터들의 감각으로 하우스의 철학과 예술적인 노하우를 파인 주얼리에 녹여내고 있다. 샤넬에서도 칼 라거펠트의 지휘 아래 가브리엘 샤넬의 상징적인 모티브를 발전시킨 파인 주얼리 컬렉션을 꾸준히 발표하고 있다. 에르메스 역시 피에르 아르디를 영입해서 파인 주얼리 영역을 확대시키는 중이다.

패션 하우스들의 이러한 브랜드 확장은 정통 주얼리 하우스와는 또 다른 감성의 파인 주얼리로 차별화하겠다는 전략이다. 전통과 역사를 목숨처럼 여기는 주얼리 하우스에서는 쉽게 인정하지 않는 듯 보인다. 하지만 주얼리를 사랑하는 여성들에게는 이를 반기지 않을 이유가 전혀 없는 것이다.

## 럭셔리 주얼리의 요건

그렇다면 도대체 럭셔리 주얼리 브랜드들은 어떤 마력으로 사람들을 열광시키는 것일까? 이들의 핵심은 무엇보다 브랜드의 역사와 헤리티지heritage(신흥 브랜드들과 차별화되는 브랜드의 전통과 장인들의 기술까지 계승한 역사적 존재감. 전시회, 박물관, 히스토리북 등을 통해 마케팅에 활용한다)에 있다.

어떤 상품이 완벽하게 만들어지기까지는 상당히 오랜 시간과 과정이 필요하다. 따라서 '만들어본 경험이 있다'는 것은 럭셔리 마케팅에 있어서 매우 큰 강점이다. 사람들은 '같은 가문에서, 같은 지역에 주얼리 공방을 3대째 운영하는…'처럼 전통을 이어오면서 지속되는 개념을 신뢰한다. 매일 변하고 혁신을 중요시하는 우리의 일상에서 절대적으로 부족한 개념이 바로 이 지속성이기 때문이다.

또한 오랜 시간 장인과 전문가들이 쌓아온 '사브아페어savoir-faire(노하우)'는 경험이 짧은 회사는 결코 모방할 수 없는 필살기다. 이 노하우에는 소비자에게 최종적으로 감성적인 쾌락을 제공할 수 있는 모든 기술과 내용이 전략적으로 담겨 있다. 아무리 상품군이 다양해져도 이 오리지널 노하우가 근간이 되는 것이다.

또한 럭셔리 주얼리의 디자인에는 깊고 풍부한 스토리가 담겨 있다. 사용된 보석의 원산지가 어디이고, 금속의 합금 과정이 어떤지는 단지 예선전에 불과하다. 시각을 자극하는 디자인의 근원, 즉 그 디자인이 탄생하게 된 역사적 맥락에 초점을 맞추는 것이다. 사람들의 마음은 '새로운 컬렉션에 어떤 보석이 쓰였는지'보다는 '하우스의 20세기

오디세이 드 까르띠에,
스타일과 함께 떠나는 여행
ⓒCartier

아카이브archive(설립 초기부터 보관해온 디자인 스케치, 서류, 서신 등 브랜드의 역사를 보존해놓은 자료실)에서 영감을 얻은 작품'이라는 디자인의 배경과 스토리에 움직이게 되어 있다. 따라서 스토리텔링은 브랜드의 단순한 마케팅 도구가 아닌 주얼리가 탄생하게 된 영감의 원천을 공유하고 이를 소비자의 머릿속에 심기 위한 필수불가결한 요소다.

까르띠에의 컬렉션 '오디세이 드 까르띠에, 스타일과 함께 떠나는 여행L'Odyssée de Cartier, Parcours d'un Style'만 해도 단순히 새롭고 멋진 디자인을 발표한 것이 아닌 '주얼리를 통한 신비롭고 이국적인 세계로 떠나는 여행'이라는 간접 체험을 소비자에게 선사했다. 20세기에 존재했던 모티브가 여전히 등장하고 있지만, 단순히 아카이브의 재탕이 아닌 변화된 시각을 통한 새로운 해석이다.

테마를 이루는 스토리는 디자인을 더욱 찬란하고 풍부하게 뒷받침해준다. 소비자들은 이를 통해 감성적 쾌락을 경험하고, 그 브랜드에 자아가 일치되는 것을 느끼며, 본인만을 위한 주얼리인 듯 황홀한 기분까지 만끽한다. 이것이 바로 럭셔리의 힘이다.

이들은 또한 감성과 열정을 꽃피운다는 공통점으로 주얼리를 예술품의 반열에 올려놓았다. 사실 숙련된 장인의 손끝에서 탄생하는 하이주얼리 자체도 하나의 응용 예술이라고 볼 수 있다. 예술이 가지고 있는 창조성과 혁신성을 내세워 브랜드의 이미지를 예술적 감성으로 완성시키고, 미학적 가치를 중시하는 소비자들에게 감성적이고 심미적인 만족을 부여하는 것이다. 럭셔리 주얼리의 수장들은 일찍이 예술과 럭셔리의 공통 속성이 창의성임을 깨닫고 있었다. 이에 혁신과 창조적 열정을 고취시키며, 전사적으로 예술적 영혼을 공유하는 모습을 보여주었다.

과거 '배타적인 고급스러움'에 중점을 두어 일부 귀족층에서나 누릴 수 있던 럭셔리는, 오늘날 거대 그룹들의 파워 게임 덕에 다양한 소비자층에서 향유할 수 있게 되었다. 따라서 패밀리 기업에서 럭셔리 그룹으로 편입된 브랜드들은 규모의 경제와 강력한 마케팅으로 무장하여 공격적인 행보를 보이는 중이다. 물론 과거와 달리 똑똑해진 소비자들은 무조건적 추종이 아닌 이제는 자신의 '안목'을 과시하며 럭셔리를 소비한다.

치열한 럭셔리 시장에서 지속적으로 영역을 확장 중인 공룡 그룹들과 고유의 DNA를 지키기 위해 고군분투하는 독립군들, 그리고 점차 역량이 커져가는 소비자들. 이렇게 달라지고 있는 럭셔리 주얼리 시장의 방향과 속도는 앞으로 어떤 역사를 쓸 것인지 기대가 모아진다.

## 하이 주얼리, 파인 주얼리, 브릿지 주얼리, 코스튬 주얼리를 말하다

주얼리를 소재나 스타일에 따라 분류하는 기준은 나라마다 조금씩 다르다. 그중 우리나라에서 전통적으로 사용해온 개념과 해외에서 통용되는 개념 중 가장 차이가 큰 것은 '패션 주얼리'다. 국내에서는 패션 주얼리를 '패션 감각이 있다', '패셔너블하다'는 의미로 받아들이기 때

그라프의 옐로 다이아몬드로
완성된 하이 주얼리
ⓒGraff

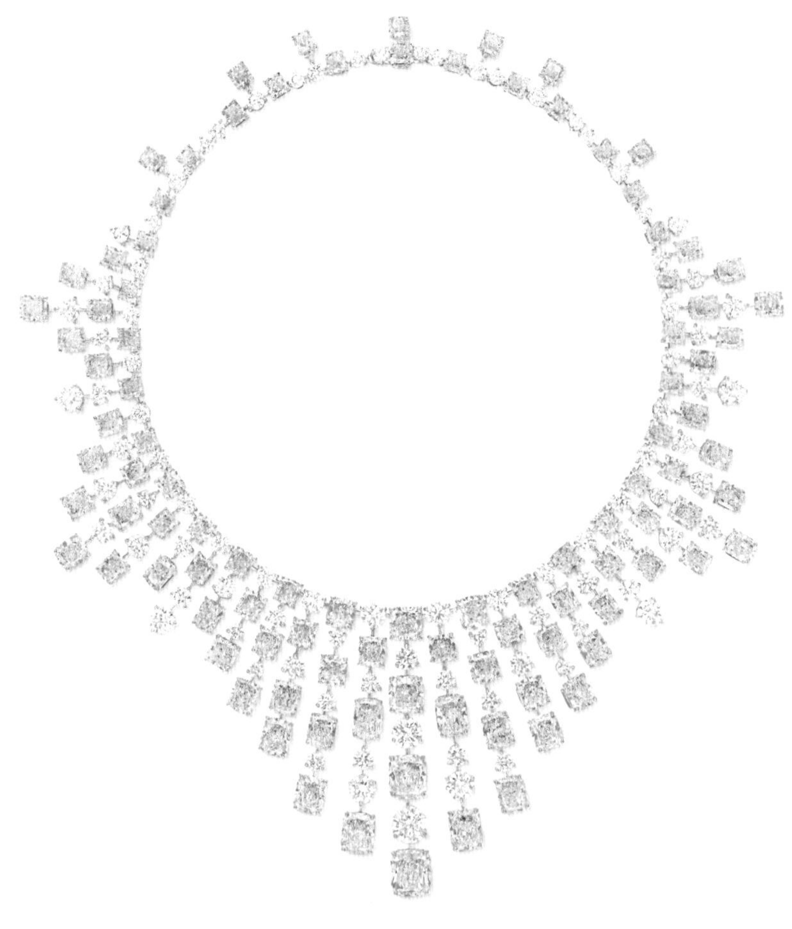

문에 천연보석이나 모조보석에 금을 사용한 주얼리도 자연스럽게 패션 주얼리라고 칭한다.

그러나 세계적으로 통용되는 패션 주얼리는 금이 아닌 저가의 금속을 사용한 것을 말한다. 해외에서는 우리나라처럼 큐빅Cubic Zirconia을 비싼 금에 세팅하는 경우가 거의 없으며, 은에도 천연보석을 사용하는 것이 일반적이기 때문에 한국식 주얼리와는 개념에 차이가 있다. 이외에도 코스튬 주얼리와 커스텀 주얼리를 흔히 혼동한다. 여기서는 세계적으로 통용되는 주얼리 용어를 명확하게 정의해 독자들의 이해를 돕고자 한다.

## 신개념 권력의 상징, 하이 주얼리

까다로운 선별 작업에서 살아남은 보석들의 매혹적인 빛깔과 광채, 그 보석이 자아내는 다양한 감정에 경의를 표하는 과정, 숙련된 장인들이 100퍼센트 수작업으로 완성하는 결과물을 '하이 주얼리'라고 부른다. 여기에 주얼리 하우스의 DNA와 역사라는 보증서가 따라붙을 때 복제될 수 없는 예술작품의 고고함까지 더해진다. 21세기의 하이 주얼리는 투자 가치든, 심미적인 요소든 사람들의 마음을 움직이는 것에 초점을 맞추고 있다.

오늘날 최고의 권력이란 남들이 갖지 못한 것을 소유하는 것이다. 세계의 부는 끝없이 증가하고 있지만, 보석은 유한하다. 그래서 하이 주얼리의 세계에서는 '세상 하나뿐'이라는 개념을 즐긴다. '여성들은 남들이 가진 것을 원할 것이다'고 믿었던 과거의 산업 전반을 재구성하게 만드는 중요한 대목이다.

더불어 하이 주얼리가 여타 예술품과 다른 점이 있다면 획득과 소유에서 끝나는 것이 아니라 직접 착용할 수 있고, 세월이 흘러도 고유의 가치가 흐트러지지 않는다는 것이다. 인간의 과시욕과 소유욕을 충족시켜주는 하이 주얼리는 자연과 인간을 이어주는 연결 고리이기도 하다. 자연의 선물인 보석의 깊은 색감과 이를 뒷받침해주는 신비롭고 생명력 넘치는 디자인을 보는 것만으로도 우리의 마음이 치유되기 때문이다.

## 커스텀 주얼리와 코스튬 주얼리는 엄연히 다르다

하이 주얼리는 '천연보석과 14K 골드 이상의 귀금속으로 만든 고급 주얼리'라 일컫는 파인 주얼리fine jewelry에 속한다. 정반대로는 저가의 소재로 만든 코스튬 주얼리costume jewelry가 있다. 그런데 사람들은 때때로 코스튬 주얼리를 '커스텀 주얼리custom jewelry'라는 전혀 뜻이 다른 용어와 헷갈린다. 발음과 철자가 비슷해 언론과 주얼리 업계 종사자들조차 잘못 사용하는 경우가 비일비재하다.

커스텀 주얼리는 '고객에게 주문받아 맞춤 제작한 주얼리'라는 뜻이고, 코스튬 주얼리는 '비금속卑金屬, base metal이나 모조석 등 저가의 재료로 만든 주얼리'를 말한다. 이 둘 사이에 스털링 실버나 골드 필드 같은 중저가 금속에 인조석이나 준보석을 세팅해 파인 주얼리와 비슷한 외양을 보이는 브리지 주얼리bridge jewelry도 등장했다.

그렇다면 우리가 일상생활에서 자주 접하게 되는 패션 주얼리fashion jewelry란 또 무엇일까? 패션 주얼리는 '패션'이란 용어가 대중적으로 쓰이면서 생겨난 개념이다. '당대 유행 스타일에 맞게 디자인된 주얼리'라는 뜻으로 최신 패션 경향과 착용자의 강한 스테이트먼트(착용자의 태도, 라이프스타일, 가치관 등을 표현하는 것)를 나타낸다. 비싸지 않은 소재를 사용한다는 측면에서 코스튬 주얼리와 맥을 같이 한다. 하지만 디자인 수명은 코스튬 주얼리보다 패션 주얼리가 좀 더 짧다. 오늘날에는 사실상 두 용어를 구분 없이 교차해서 쓰고 있다.

## 산업혁명의 수혜자, 코스튬 주얼리

코스튬 주얼리는 명실공히 산업혁명의 수혜자다. 기계를 통한 대량 생산은 오리지널의 복제품으로 시작해 19세기 중산층의 허영기를 충족시켜주었기 때문이다. 더불어 한계 없는 창의력을 뽐내는 수단이자 재미라는 요소를 책임지기도 했다. 부담 없는 재료를 사용했기 때문에 디자이너는 상상력을 최대한 발휘해 화려함과 독특함을 마음껏 강조할 수 있었다.

'코스튬 주얼리'란 명칭이 생겨난 계기에는 두 가지 설이 있다. 첫째는 주얼리 디자이너 호베가 뮤지컬 〈지그펠드 폴리스〉의 무대 의상에 착용할 볼드한bold(큼직하고 굵은) 라인스톤 주얼리를 제작할 때, 무대 의상costume에 착용하는 주얼리란 의미로 코스튬 주얼리라 불렀다는 설

디자이너의 상상력을
현실화시키는 코스튬 주얼리
©P by Panache

코스튬 주얼리

이 있다.

둘째는 패션 디자이너 폴 푸아레의 고객이 당시 큰 화제를 몰고 있던 발레리노 세르게이 디아길레프의 발레 공연에 입고 갈 이브닝드레스에 어울리는 주얼리의 제작을 요청한 데서 기인한다. 푸아레는 당시 장식 유리의 대가 메종 그리포의 도움을 받아 주얼리를 제작했고, 그 때부터 특정 의상에 어울리는 장신구란 의미로 코스튬 주얼리라 불리게 되었다는 것이다. 주로 파인 주얼리의 복제품에 한정되어 있던 모조 장신구로서의 코스튬 주얼리는 이렇듯 디자이너의 손을 거치면서 창의성을 담아 더 넓은 의미로 통용되기 시작했다.

코스튬 주얼리가 번성한 1920년대는 산업화를 거부한 직전의 아르누보 시대와 달리 산업화를 포용한 사회적 분위기가 형성되었다. 본격적인 유행은 1924년 프랑스에서 가브리엘 코코 샤넬이 모조진주로 된 '화이트와 블랙 귀고리'를 착용하면서 그 문을 열었다.

샤넬은 주얼리의 가치를 패션성에 두며 코스튬 주얼리의 홍보대사를 자처했다. 샤넬의 트레이드마크인 '리틀 블랙 드레스LBD'에 인조진주와 황동으로 만든 소위 '가짜' 주얼리를 매치시킨 것이다. 곧이어 샤넬을 추종하는 패션 엘리트들은 하나둘 샤넬의 스타일을 따라 하기 시작했고, 디자인이 간결한 의상에 화려한 코스튬 주얼리를 착용해 연출하는 방식이 세련된 패션의 본보기가 되었다. 당시에는 아르데코 스타일이 지배적이었기 때문에 주얼러들은 대부분 까르띠에와 반클리프 아펠을 모방하고 있었지만, 샤넬은 독자적인 길을 선택한 것이다.

## 코스튬 주얼리 3인방:
## 코코 샤넬, 미리엄 해스켈, 엘사 스키아파렐리

샤넬의 코스튬 주얼리를 논할 때면 일단 앞서 언급한 메종 그리포를 반드시 짚고 넘어가야 한다. 1869년에 설립된 메종 그리포는 주얼리에 유리 에나멜링을 최초로 선보인 코스튬 주얼리 제조의 선구자다. 특히 모조진주의 광택을 잘 구현해내 샤넬의 모조진주 주얼리가 사랑받게 만든 장본인이다.

유리 에나멜링이란 '글라스 페이스트glass paste' 또는 '파트 드 베르pâte de verre'라고도 불리는데, 각종 색채의 유리 가루를 틀 속에서 혼합하고 녹여서 성형하는 작업이다. 메종 그리포는 이 기술에 있어서 타의 추종을 불허했다.

샤넬은 일찍이 메종 그리포에 주얼리 제작을 요청했고, 에나멜로 레드와 그린 컬러를 조합한 샤넬 주얼리의 시그니처 컬러가 탄생한 것도 이 무렵이다. 결국 샤넬은 메종 그리포의 모조진주로 제작한 긴 진주 목걸이를 목에 무심한 듯 휘감아 착용하는 스타일을 창조해 코스튬 주얼리를 하이패션의 반열에 올려놓았다.

같은 시기, 미국의 미리엄 해스켈도 종종 샤넬과 회동하여 하이패션을 위한 주얼리에 대해 의견을 나누었다. 사실 헤스켈은 디자이너 출신이 아니다. 그러나 인재를 알아보는 탁월한 안목으로 젊은 디자이너인 프랑크 헤스를 고용해, 샤넬보다 2년 늦은 1926년도에 본인의 이름을 딴 코스튬 주얼리 브랜드를 론칭했다.

주로 자연, 이국적인 문화, 그리고 역사에서 영감을 얻어 디자인을

미리엄 해스켈의
꽃 모티브 코스튬 주얼리
ⓒDouglas Rosin

한 후 이를 수공 작업으로 선보였는데, 그중에서도 꽃을 모티브로 한 주얼리는 당시 맨해튼의 스타일리시한 여성들을 매료시켰다. 관능적이고 여성적인 해스켈의 디자인은 플래퍼 스타일flapper style(1920년대 자유를 찾아 관습을 깨뜨린 젊은 여성들의 스타일)의 유행이 끝난 뒤에 더욱 인기를 끌었다.

1927년부터는 초현실주의에 영향을 받은 파리의 패션 디자이너 엘사 스키아파렐리도 기발한 디자인의 에나멜 브로치, 헤어핀, '쇼킹 핑크shocking pink' 스톤을 사용한 참 팔찌와 귀고리 등의 코스튬 주얼리를 선보이기 시작했다. 스키아파렐리는 자유분방하고 대담한 컬러를 사용하여 독창적인 시각으로 주얼리를 디자인했다. 당시 활발히 교류하던 살바도르 달리나 장 콕토 같은 초현실주의 예술가들과도 협업을 했다. 코스튬 주얼리는 그렇게 파리와 뉴욕의 디자이너들에 힘입어 파인 주얼리의 카피가 아닌 생명력과 정체성이 살아 있는 주얼리로 자리매김했다.

## 할리우드와 함께 성장한 코스튬 주얼리

1929년, 미국에 대공황이 닥치자 갑자기 어려워진 경제 상황 속에서 대중들은 점차 할리우드 영화로 도피하기 시작했다. 이때부터 영화계가 크게 번성하면서 여배우들을 위한 액세서리로 화려한 코스튬 주얼리가 사용되었다. 정신없는 영화 현장에서 분실되거나 파손되기 쉬운 주얼리에 값싼 소재를 사용한 것은 현명하고도 실용적인 선택이었다.

'조세프 오브 할리우드'가 이 시기를 대표하는 코스튬 주얼리 브랜드인데, 이들은 라인스톤rhinestone(유리 원석을 연마한 후에 바닥에 반사경을 붙인 액세서리 부자재), 실버, 니켈, 레진resin, 가죽, 유리, 황동 등에 금도금을 하여 진짜 골드 주얼리처럼 보이게끔 만들었다. 결국 '조세프 오브 할리우드'는 할리우드 영화와 함께 성장하며 가장 많은 양의 코스튬 주얼리를 생산했다.

창업자인 유진 조세프가 일찍 사망하자 부인인 조안이 회사를 경영했다. 그 당시 마를렌 디트리히, 베티 데이비스, 조안 크로포드, 마릴린 먼로, 그레이스 켈리 등 1930년대에서 1950년대 할리우드 신인 여배우들의 90퍼센트가 이 브랜드의 코스튬 주얼리를 착용했다. 또한 조명 아래에서 반사되지 않는 특수 도금을 개발해 큰 반향을 불러일으키기도 했다.

당시 할리우드에서 코스튬 주얼리의 인기가 얼마나 높았던지 코스튬 주얼리의 판매권까지 사들인 영화사도 있었다. 게다가 제2차 세계대전은 귀금속의 품귀 현상을 가져와 비금속으로 만든 주얼리의 수요가 증가했고, 점차 발전된 금도금 기술은 가짜를 진짜처럼 보이게 만들었다. 이렇게 영화 의상을 장식하는 도구로 시작된 코스튬 주얼리는 할리우드 스타들을 추종하는 여성들 덕분에 폭발적으로 성장했다. 볼드한 컬러 스톤을 활용한 파인 주얼리가 유행한 레트로 시대Retro Period(제2차 세계대전 이후 반클리프 아펠이 주도한 볼드, 오버사이즈, 골드 주얼리가 인기를 끌던 시기)의 한 편에서는 코스튬 주얼리 역시 할리우드 스타들과 함께 활짝 피어나고 있었다.

## 상상을 현실화시키는 코스튬 주얼리

모든 주얼리는 아름다움이라는 공통 요소를 근간으로 한다. 여기에 파인 주얼리는 보석의 가치와 장인정신, 코스튬 주얼리는 상상의 현실화라는 각기 다른 매력이 있다. 파인 주얼리가 보석의 중량, 컷, 투명도에 집중할 때, 코스튬 주얼리는 독특한 창의력과 스타일을 담으려 노력했다. 또 저렴하지만 매력적인 디자인으로 예산이 한정적인 소비자들에게 탈출구를 마련해주는 고마운 존재이기도 하다.

오늘날에는 파인 주얼리가 코스튬 주얼리의 상상력에서 영감을 받을 때도 있다. 심지어 과거 파인 주얼리만의 영역이던 착용자의 자아 표현과 지위 상징, 감성적인 쾌락까지 코스튬 주얼리를 통해 체험할 수 있다. 한마디로 코스튬 주얼리는 전통적인 실루엣을 깨고 다양한 분야의 문화와 감성을 탐구하게 만들었다. 그리고 무제한적인 창의성을 구세대의 구조적 기술과 병합하여 새로운 액세서리의 범주를 탄생시켰다.

사실 해외에서는 빈티지 코스튬 주얼리를 위한 2차 시장이 매우 활발하다. 미리엄 해스켈, 코로, 버틀러 앤드 윌슨, 트리파리, 아이젠버그 등의 서명이 담긴 '사인드 피스'는 수집가들의 위시 리스트 상단에 일찌감치 올라와 있다. 창의적이고 개성 있는 디자인, 과감한 스케일, 다양한 재료를 사용한 것일수록 높은 가치를 인정받는다. 따라서 패스트패션만큼 빠르게 변화되고 소비되는 주얼리라 해도 역사를 자랑하는 브랜드나 디자이너의 제품은 파인 주얼리 못지않은 소장 가치가 있다는 사실도 염두에 두어야 한다. 혹시 외국 여행 중 위에 언급한 브랜드의 빈티지 피스를 발견한다면 반드시 지갑을 열 것, 그리고 그 시대의 낭만과 디자이너의 상상력을 즐길 것을 추천한다.

## '진정한 나'를 나타내는 스테이트먼트 주얼리

몇 년 전부터 패션 관련 기사에서 심심치 않게 언급되고 있는 '스테이트먼트'란 의상이나 각종 액세서리를 통해 착용자의 태도, 라이프스타일, 가치관 등을 표현하는 것을 의미한다. 따라서 '스테이트먼트 주얼리'는 부, 매력, 스타일 등을 드러내어 관심을 집중시키고자 하는 장신구를 말한다. 주얼리를 통해 본인이 얼마나 유행에 민감하고 세련된 사람인지 알리려는 게 일반적인 목적이다. 따라서 두꺼운 커프 팔찌, 샹들리에 귀고리, 가슴 부분까지 내려오는 화려하고 장식이 많은 목걸이, 커다란 스톤이 박힌 칵테일 반지, 'I Love You' 라고 쓰여 있는 레터링 펜던트 등 눈에 띄고 대담한 종류는 모두 스테이트먼트 주얼리에 속한다.

때로는 개인의 철학이나 세상을 향한 메시지를 전달하는 역할도 하는데, 기사로 치면 헤드라인이라고 할 수 있다. 또 반복해 착용할수록 그 사람을 떠올릴 때 연상되는 '시그니처 스타일'이 되기도 한다. 따라서 정치인이나 유명인이 화제를 불러일으키는 데 주얼리만큼 적합한 액세서리도 없다.

## 브로치 외교로 알려진 올브라이트

미국 최초의 여성 국무장관인 매들린 올브라이트는 브로치를 스테이트먼트 주얼리로 이용했다. 이를 '올브라이트의 브로치 외교'라고도 부르는데, 평온한 날에는 꽃과 나비 브로치를, 정치적 사안이 심각할 때는 곤충과 맹수 브로치를 착용하는 식이다.

올브라이트가 브로치를 외교에 처음으로 활용한 것은 1994년이다. 유엔 주재 미 대사로 근무할 당시 걸프전에서 패배한 이라크의 사담 후세인 대통령이 올브라이트를 '독사'라 칭하자 회의에 뱀 브로치를 달고 나와 그 조롱에 당당히 항의를 표시한 것이다.

1998년 전 팔레스타인 자치정부 수반 야세르 아라파트와 만나는 자리에서는 벌 브로치를 달아 불편한 심기를 표현했고, 2000년 김정일 국방위원장을 만나는 자리에서는 미국을 상징하는 성조기 브로치를 착용했다. 북한과의 관계를 협상하기 위한 공식적인 방문이었지만, 다른 나라가 아닌 미합중국 외무장관의 자격으로 북한을 방문해 김정일 국방위원장을 만난다는 의지를 표명한 것으로 해석한다.

그 외에도 중동지역을 방문할 때는 평화의 상징인 비둘기 브로치를, 김대중 정부 시절 방한 시 햇볕 정책에 대한 지지를 표시하는 의미로 태양 브로치를, 남아프리카 공화국의 넬슨 만델라 전 대통령을 만났을 때는 아프리카의 상징인 얼룩말 브로치를 착용했다.

올브라이트의 브로치 외교로 인해 '그날의 쟁점을 알고 싶다면 올브라이트의 브로치부터 확인하라'는 말이 생겼을 정도라고 하니, 브로치가 올브라이트의 스테이트먼트 주얼리라는 것은 분명하다. 게다가 골

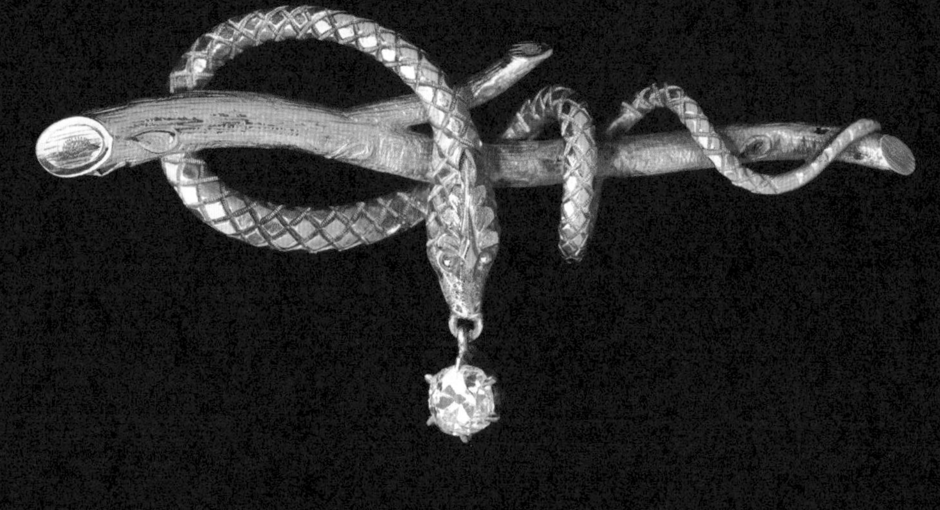

이라크의 사담 후세인 전 대통령이
올브라이트 전 장관을 '독사'라 칭하자
유엔 안보리 회의에 뱀 브로치를 달고
나와 당당히 항의 표시를 했다.

격이 큰 올브라이트가 시선을 상의에 고정시키는 방법으로 브로치를 이용하고, 품위와 우아함, 여성미, 외교적인 메시지까지 전달하는 스마트한 전략을 구사했다는 사실은 더욱 눈여겨볼 만하다.

일명 '브로치 외교'로
유명한 올브라이트 전 장관
©Rena Schild/Shutterstock

## 미셸 오바마를 통해 본 스테이트먼트 주얼리

미국에서는 오래 전부터 영부인이 입고 걸치는 모든 것이 화제가 되었다. 21세기 들어 오바마 정부도 마찬가지다. 미셸 오바마가 애용하는 패션 회사의 주가가 치솟고, 입었던 제품이 '완판'되었다. 이러한 영부인의 스타일은 단순한 패션의 개념을 넘어 행정부의 성격과 전략, 경제효과까지 반영하는 중요한 상징체가 되었다.

재클린 케네디에 견주어 '블랙 재클린'이라 불리는 미셸 오바마는 다소 서민적이고 활동적인 이미지의 성공한 여성, 오늘날 미국인들이 선호하는 '커리어 우먼'의 모습을 대변한다. 훤칠한 키, 변호사 출신 영부인이라는 지위, 당당하고 카리스마 넘치는 입담과 태도에서 보이듯이 상당히 현대적인 영부인의 모습이다. 미국의 보편적인 40대 워킹맘에 혁신성과 카리스마를 버무린 모습이니, 미국인의 시각에서는 실현 가능한 동경의 대상이기도 하다.

과감한 민소매의 시스 원피스, 카디건과 벨트, 그리고 다양한 스테이트먼트 주얼리는 어느덧 미셸 오바마의 시그니처 룩으로 자리 잡았다. 미셸 오바마는 입었던 의상과 주얼리를 여러 번 다시 착용하는 것은 물론이고, 하이엔드 디자이너 라벨과 갭, 제이크루 같은 중저가 브랜드를 섞는 '하이 앤 로우 믹스high and low mix' 전략을 활용한다. 가난한 흑인 가정에서 자라 변호사로 성공하고, 결국 영부인이라는 자리까지 오른 미셸 오바마는 이런 실용적인 접근으로 국민들의 감동을 배가시킬 수 있었다.

부피가 큰 목걸이와 귀고리, 브로치, 겹치는 팔찌와 진주를 애용하

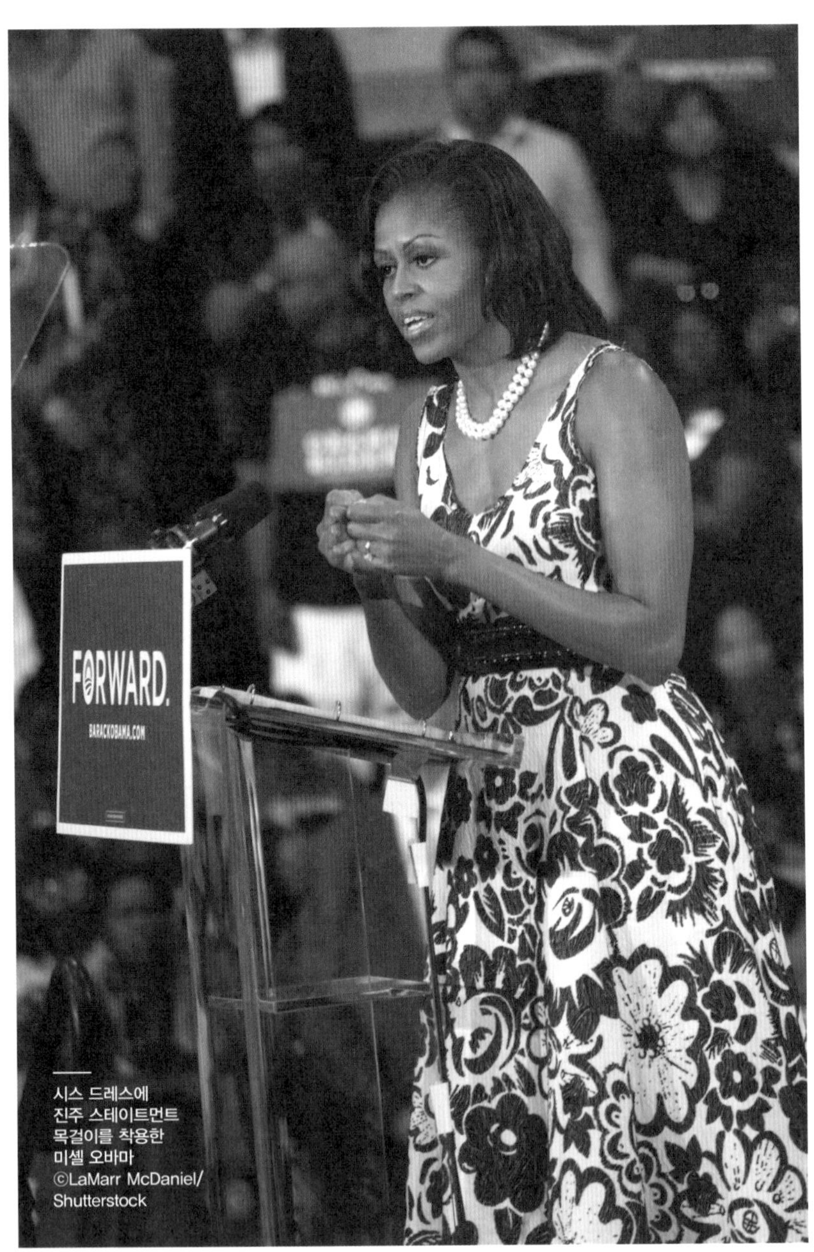


시스 드레스에
진주 스테이트먼트
목걸이를 착용한
미셸 오바마
©LaMarr McDaniel/
Shutterstock

미셸 오바마가 즐겨 착용하는
오팔 스테이트먼트 귀고리
ⓒIrene Neuwirth

스테이트먼트 귀고리를
착용한 미셸 오바마
ⓒEverett Collection/Shutterstock

는 미셸 오바마는 주얼리에 있어서 일관성 있는 행보를 보인다. 다양한 가격대와 소재를 섞어 공식적인 자리에서 패션과 품격 사이에 적절한 균형을 유지한다. 예를 들어 파인 주얼리 디자이너 킴벌리 맥도날드의 사파이어 귀고리에 코스튬 주얼리 브랜드 톰 빈스의 모조진주 목걸이를 섞어서 연출하는 식이다. 또는 제이 크루의 수십 달러짜리 목걸이에 아이린 뉴워스의 값비싼 오팔 귀고리를 매치하기도 한다. 50대 초반에겐 다소 부담스러울 수 있는 펑키한 디자인의 주얼리도 척척 소화해내는 것이 인상적이다.

이렇게 패션성이 강한 스테이트먼트 주얼리는 미셸 오바마의 가치관과 메시지를 전달하는 도구로도 볼 수 있다. 남편 뒤에 가려진 수동적인 현모양처가 아닌 '원하는 것을' 착용할 수 있는 자신 있는 여성상 말이다.

미셸 오바마는 우아하고 단정한 스타일보다는 재치와 독특함이 강조된 젊은 스타일을 선호한다. '우머노믹스womenomics'란 신조어를 반영하듯 리더로서 미국의 경제 위기에 고가의 제품만으로 도배하지 않고, 중저가 제품을 적극 활용해 보이지 않는 계층의 장벽을 허물었다. 특히 공식석상에는 상당 부분 미국 디자이너의 제품을 착용하여 자국 브랜드의 선전을 장려했다. 영부인으로서 품위가 손상될지도 모를 민소매를 입은 모습은 어려울수록 자신감을 가지라는 미국 여성을 향한 또 하나의 '스테이트먼트'로 읽힌다. 팔에는 겹쳐 끼는 화려한 팔찌를 착용하여 섹시하고 트렌디해 보이는 모습도 마다하지 않았다.

귀한 원석에 대한 열망만큼 자신의 감성을 대변하는 스테이트먼트 주얼리를 찾는 여성이 늘어가고 있다. 그리고 그들은 주얼리를 통해 '지금의 나', '진정한 나'를 투영하는 중이다.

## 매력적인 가치 투자 아이템, 럭셔리 주얼리

럭셔리 주얼리는 세계적으로 미술품 등과 함께 대체 투자재로 활기를 띠고 있다. 사치품보다 가치품의 개념으로 바라볼 때 주얼리는 더 없이 매력적인 아이템이다. 주얼리 컬렉팅은 재화적 가치를 위주로 하는 투자와 정서적인 만족감을 얻기 위한 수집으로 나뉜다. 그런데 가장 감성적인 아이템이면서 환금성이 높은 원재료를 사용하는 특성상, 둘 사이에 명확한 경계를 긋기란 어려운 일이다.

주얼리 투자의 기본은 가치 있는 진품을 사서 더 비싼 가격에 파는 데 있다. 그리고 그 가치는 크게 '소장 가치'와 '착용 가치'로 구분된다. 소장 가치는 결국 투자 가치를 말하는 것으로 금, 다이아몬드, 플래티넘, 유색보석 등의 소재를 우선적으로 따진다. 이때 금속보다는 세팅된 보석이 무엇인가가 결정적인 역할을 한다. 따라서 메인 보석의 재화적 가치 위주로 투자를 한다면, 다이아몬드에서는 최상급의 5캐럿 이상이나 팬시 컬러 다이아몬드가 21세기의 대세 품목이다. 전통적으로 원산지를 중요시 여기는 컬러 스톤에서는 미얀마산 루비, 카슈미르산 사파이어, 콜롬비아산 에메랄드, 자연산 진주 시장에 관심을 가져야 한다.

특히 자연산 진주는 오늘날 99퍼센트 고갈된 상태로 그 시장을 고품질의 양식 진주가 대체하고 있어 일반인들의 수요는 거의 없다. 즉, 자연산 진주는 구할 수가 없다는 희소성 때문에 가치가 있는 것이고, 함께 언급한 유색보석의 가치 또한 결국은 희소가치를 의미한다. 고품질의 진귀한 보석은 한정되어 있기 때문에, 더욱 상질의 광산이 발견되지 않는 이상 공급이 수요를 따라갈 리 만무하다. 따라서 장기적으로 보면 1캐럿 다이아몬드 위주의 단타 매매보다는 빅 캐럿의 희소성 있는 보석에 투자하는 것이 바람직하다. 물론 원산지, 처리법, 향상[enhancement] 여부를 밝힌 공신력 있는 기관의 감정서나 감별서가 반드시 갖춰져야 한다.

## 사인드 피스의 중요성

다음으로 사용된 보석 위주가 아닌 완성된 주얼리로서의 투자 가치를 살펴보자. 이 카테고리에서는 역사적으로 유명한 브랜드나 디자이너의 마크가 있는 사인드 피스[signed piece]가 핵심이다. 제조사 마크, 홀마크, 공방 마크, 넘버링, 때로는 만들어진 나라 등의 출처 표시는 제품의 가치에 크게 영향을 미친다.

한 예로 1929년에 제조된 까르띠에의 투티 프루티 팔찌의 경우, 브랜드의 마크가 지워진 제품과 마크가 남아 있는 제품이 같은 시기에 비슷한 상태로 경매에 나왔다. 그런데 낙찰된 가격의 차이는 결코 웃어넘길 수준이 아니었다. 따라서 원하던 제품을 발견했을 때 출처 표

1929년에 제작된 까르띠에의
콜롬비아산 에메랄드와 다이아몬드를
사용한 아르데코 팔찌
ⓒFD Gallery

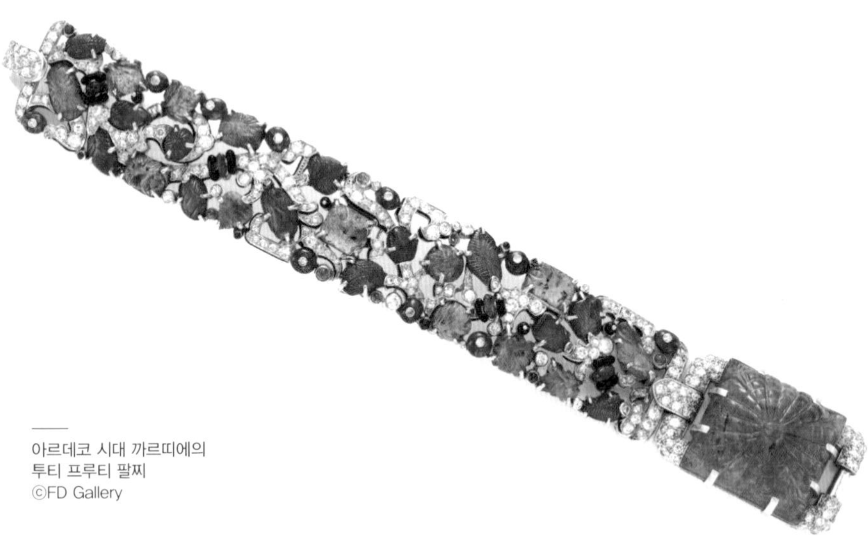

아르데코 시대 까르띠에의
투티 프루티 팔찌
ⓒFD Gallery

시가 없다면 진품 증명서 같은 출처에 관한 자료를 반드시 요청해야 한다.

월가 출신으로 럭셔리 주얼리 컬렉터이자 뉴욕 FD 갤러리의 대표인 피오나 드리켄밀러는 "지식이 부족한 초보 수집가들은 이 사인드 피스에 집중해야 한다"고 말했다. 20세기 초 중반에 제작된 까르띠에, 반 클리프 아펠, 쇼메, 부쉐론 등의 역사적인 주얼리 하우스와 한 시대를 풍미한 유명 디자이너들의 제품은 주요 경매와 빈티지 시장에서 지속적으로 최고 낙찰가를 갱신하고 있다. 그러나 서명이 없더라도 사용된 재료가 최상급의 다이아몬드나 이미 고갈된 광산에서 채굴된 보석이라면 관심 있게 지켜봐야 한다.

또한 누가 소유했는가도 투자 가치에 영향을 미치는 중대한 요소다. 엘리자베스 테일러나 심프슨 부인, 재클린 케네디 오나시스 등 유명인이 소유했던 컬렉션은 주요 경매에서 추정가의 몇 배 이상에 낙찰되며 매번 신기록을 갱신했다.

패션 경향 또한 간과해서는 안 될 요소다. 예를 들면 브로치는 오늘날 그 인기가 많이 사그라진 상태이므로 재판매 시점에 영향을 줄 수 있다. 제품의 상태도 가치에 중요한 영향을 미친다. 진정한 장인정신은 주얼리의 뒷면에서 발견할 수 있다. 보이지 않는 곳도 앞면만큼 깔끔하고 아름다운지 꼼꼼히 살피도록 한다. 물론 대량생산인지 하나뿐인 제품인지도 염두에 둘 필요가 있다.

마지막으로 주얼리의 착용 가치 측면에서는 미학적으로 끌리는 쪽을 선택하는 게 좋다. 주얼리는 다른 투자 상품들과는 달리 소유자에

1960년도에 제작된
불가리의 세르펜티 팔찌
©FD Gallery

게 스토리를 엮어주거나 지위 상징, 부의 과시 같은 감성적인 쾌락을 함께 제공한다. 직접 착용하면서 동시에 즐기고 감상할 수 있다는 점은 그 어떤 예술품에서도 경험하기 힘든 주얼리만의 장점이다.

## 컬렉팅에는 테마가 필요하다

지금까지 살펴본 투자 가치를 바탕으로 컬렉팅의 방향을 정리해보자. 앞서 언급한 요소들에 컬렉터의 방향을 더해 시대별, 모티브별, 아이템별, 디자이너별 같은 테마를 형성할 수 있다. 그러기 위해서는 과거의 전통과 헤리티지, 장인정신, 앞으로의 전망을 내다볼 수 있는 안목을 키워야 한다. 개인적으로는 빅토리아, 아르데코, 레트로 시대의 주얼리나 장 슐럼버제, 베르두라, 수잔 벨페론, 데이비드 웹 같은 20세기를 대표하는 천재 디자이너들의 작품을 추천한다.

요즘은 JAR, 바갓, 타팽, SABBA 등의 현대 주얼리 디자이너들을 향한 열기도 뜨겁다. 가까운 중국 시장에서는 월리스 챈, 에드먼드 친, 미셸 옹 등 아시안 현대 디자이너들의 작품이 큰 인기를 얻고 있다. 이들은 동시대의 감각을 맘껏 발휘하면서 창의성, 장인정신, 최고급 소재와 전문적인 기술까지 겸비해 각광받고 있다. 게다가 극소량만 제작하기 때문에 컬렉터들이 가장 갈망하는 이름이 되었다.

몇 년 전 뉴욕 소더비에서 '럭셔리' 세미나 중 어느 교수의 첫 마디가 기억이 남는다. "소비자가 아닌 컬렉터가 되세요." 소비자와 컬렉터의 차이는 작품에 대한 심미안, 가치를 판단하는 능력과 본능적 감

월리스 챈의
The Mighty 브로치
©Wallace Chan

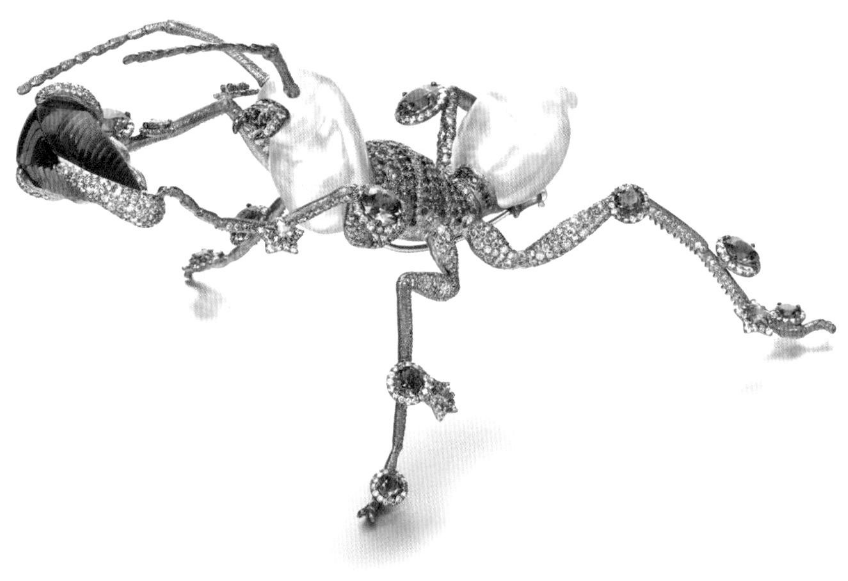

모든 주얼리에는
스토리가 담겨있다
©Davidechoi

각에 있다.

주얼리를 구매하고, 선물하고, 착용할 때의 상황을 그려보면 사실 모든 주얼리에는 스토리가 담겨 있다. 여기에 개인의 신념까지 더해졌을 때 그 주얼리는 한층 더 소중한 가치를 지니게 된다. 컬렉팅이란 어떤 목적과 방향을 가지고 모은다는 개념이다. 그 신념의 목적과 방향이 투자에 있다면 컬렉터로서의 내공을 쌓기 위해 노력해야 한다. 처음 시작할 때 숙련된 전문가의 도움을 받는 것도 좋다.

# • 참고문헌 •

❶ **『20th Century Jewelry & the Icons of Style』, 2013**
저자: Stefano Papi & Alexandra Rhodes
출판사: Thames & Hudson

❷ **『Fashion Jewelry, The Collection of Barbara Berger』, 2013**
저자: Harrice Simons Miller
출판사: Assouline

❸ **『Starting To Collect Antique Jewellery』, 2003**
저자: John Benjamin
출판사: Antique Collector's Club

❹ **『Warman's Jewelry: Identification and Price Guide(Fine & Costume Jewelry)』, 2010**
저자: Kathy Flood
출판사: Krause Publication

❺ **월간 〈더 주얼리〉, 2013**